◆ 企画・校閲協力

佐藤　隆司

（エイチスクエア株式会社）

コモディティハンドブック【石油・ゴム編】〔第2版〕

2020年3月19日　第1刷発行
（2013年6月1日　初版第1刷発行）

著　者　日本商品先物取引協会
発行者　加藤　一浩
印刷所　株式会社太平印刷社

〒160-8520　東京都新宿区南元町19
発 行 所　一般社団法人 金融財政事情研究会
編 集 部　TEL 03(3355)2251　FAX 03(3357)7416
販　　売　株式会社きんざい
販売受付　TEL 03(3358)2891　FAX 03(3358)0037
URL https://www.kinzai.jp/

ISBN978-4-322-12846-8

司法的
企業運営

最近の会社判例から

弁護士 門口正人

一般社団法人 金融財政事情研究会

はしがき

　最近の経済情勢は、極めて速く動き、社会の状況も、テクノロジーを軸として激しく変容している。このような情勢の中で、会社は、羅針盤を制御できずに戸惑い、企業における不祥事も後を絶たない。今こそ、企業の活動、経営判断、組織管理等において、遺漏なきを期し、ひいては不祥事を予防し、さらには不祥事の出来に対して適切な事後措置を取ることを促し、もって企業の体力を高めるとともに、企業運営と組織管理の適正を確保することが求められる。これこそが司法的企業運営である。司法的企業運営は、ガバナンス等の確保のための様々な提言や仕組みを支持するものであるが、それをより実質化するために手続の観点から担保することを目指し、会社の個々の構成員すべてに宛てて、その精神あるいは趣旨にまで立ち返って健全な行動なり管理を求めることを目的とする。

　本書は、３部構成を採る。第１章において、司法的企業運営について、その背景と問題状況を示した上、その実践の手引きを紹介する。第２章において、司法的企業運営を実践する上の参考として、法律解釈の基礎と判例の意義を論じた上、各種の判例等を紹介する。これらの判例等は、23回にわたって連載された金融法務事情「判例漫歩」において取り上げた判例等21件の評釈に新たに１件の判例を追加したものである。ここでは、判例等を通して企業運営と組織管理の実践の導きを示す。判例研究としても従来の学説紹介型から規範分析型への新しい視点を提供したつもりである。この部分が本書の主軸である。そして、第３章において、実際の紛争に対する備えと裁判等の事後対策を紹介して、会社の裁判との関わりを補足した。司法的企業運営の最終的場面が裁判であるからである。

　企業の組織管理と企業運営のあり様に関心があれば、第１章をお読みいただくだけで十分である。加えて、司法の思考のあり様や裁判の方向性などに関心があれば、第２章に進んでいただきたい。特に、判例評釈中の「道具としての判例」からは、日ごろの企業運営と組織管理のヒントが見

つけられるはずである。判例研究に関わる方には、新たな視点を見出していただければ幸いである。さらに、裁判の対策を迫られている場合や裁判に備える必要がある場合には、第3章を開いていただきたい。裁判対策として、独立してお読みいただくこともできるように工夫したつもりである。

　厳しさを増す経済環境の中で、したたかで、柔軟で、そしてぶれない組織管理と企業運営を果たすための一助としていただければ幸いである。

　2020年6月

門口　正人

[著者略歴]

門口　正人（もんぐち　まさひと）

〔経歴〕
　弁護士（アンダーソン・毛利・友常法律事務所）。元名古屋高等裁判所長官。
最高裁判所裁判所調査官、内閣法制局参事官などを歴任した後、東京地方裁
判所民事第8部の裁判長として、著名な会社訴訟や多数の大規模更生事件を
担当。

〔主要著書・論文（共著含む）〕
　『会社法大系(1)～(4)』（青林書院、2008年）
　「株主代表訴訟における担保の申立の審理」民事訴訟雑誌44号48頁
　「司法による再建型倒産手続の運用についての再考」竹下守夫先生古稀祝賀
　『権利実現過程の基本構造』（有斐閣、2002年）
　退官に際して門口正人判事退官記念『新しい時代の民事司法』（商事法務、
　2011年）

［法令・判例誌の表記］

（法令）
・民訴法　→　民事訴訟法

（判例誌）
・民集　→　最高裁判所民事判例集
・金法　→　金融法務事情
・判時　→　判例時報
・判タ　→　判例タイムズ
・金判　→　金融・商事判例
・裁判集民　→　最高裁判所裁判集民事
・裁時　→　裁判所時報

目　　次

第 *1* 章　司法的企業運営

第**2**章　司法的企業運営と法律・判例

第 *3* 章　裁判の利用と裁判の対策

第*1*章

司法的企業運営

第*1* 司法的企業運営の理念と目的

1 司法的企業運営の理念

　司法的企業運営とは、会社の個々の構成員において、裁判過程と裁判結果に学ぶ企業の運営および組織の管理をいう。司法的企業運営は、日常の企業の活動、経営判断、組織の管理等において、健全性を確保し、ひいては不祥事を予防するとともに、不祥事の出来に対して適切な事後措置を取ることを促し、もって企業の運営と組織の管理の適正を確保するものである。その究極の目的は、企業の体力を維持増強して持続的発展させ、企業価値を高めることにある。これこそ企業統治の要諦といってよい。コーポレートガバナンスといわれるが、それがあたかも「会社」に宛てて呼びかけ、また、ともすれば仕組みにとどまりがちであるのに対して、司法的企業運営は、ガバナンス等の確保のための様々な提言や仕組みを支持するものであるが、それをより実質化するために手続の観点から担保することを目指し、会社の個々の構成員すべてに宛てて、その精神あるいは趣旨にまで立ち返って健全な行動なり管理を求めることを目的とする。また、経営において、企業の社会的責任CSRが重視されるが、その根底には清澄さがあり、おのずから司法的企業運営の目指すところでもある。

　司法的企業運営は、グローバル化と情報の高度化によって、時々刻々と変化する社会に対応するために企業運営にますます迅速さと効率性が求められるときにおいて、その必要性を増し、企業の足腰を鍛え、グローバル化等社会経済の要請への対応力の強化にも通じるはずである。

2　司法的企業運営の目的―法主体としての会社―

　そもそも、個人は自己の財産や生命を守るために法の庇護を受けるとともに、自らも法を遵守することが当然のことと受け止められ、不遵守に対して刑罰その他の制裁が待ち受けていることも自覚している。会社であっても、法人格のある者として、個人と同様に、法の支配を受け、法を実践するのは、同様のはずである。しかしながら、会社は、社団として、その形態や規模を問わず、組織または集団において、その成員が会社の名において業務を遂行し、その成果も会社に帰属するために、法の遵守に対する意識が個人による法の遵守の場合に比べ、希薄化するおそれをおのずから胚胎しているということができ、また、集団や組織の意思は、各個人の総体の意思とは必ずしも一致しないのであり、各個人の各自の行動は、集団や組織の意思を十分に把握することができず、あるいは把握しているつもりでもその体現の仕方に戸惑い、ややもすれば個人の固有の意思が働くことになりかねず、あるいは責任の取り方においても互いが寄りかかり合って曖昧なままとなる。不祥事が絶えないゆえんである。それだけに、会社においては、法の遵守に対する認識がより強く要求されるといわなければならない。会社自身が、「社会を構成する社会的実在で」（最大判昭45.6.24民集24巻6号625頁・金法585号16頁。八幡製鉄政治献金事件）あることが忘れられてはならない。

　そして、個々の会社の構成員は、会社の理念と目的を自ら体現する存在であることを強く自覚し、各自がそれぞれ自立意識をもって会社の業務を自らのものとして遂行すべきである。

3　司法的企業運営の目的―企業の持続的発展―

　企業の運営および組織の管理は、極めて能動的で、かつ、展望的である。それに引き換え、司法は、受動的で、かつ、回顧的である。企業と司法とは馴染まないというのが一般的であろう。とりわけ、迅速かつ果断な

判断を求められる企業運営において、司法のように緩慢かつ迂遠な作業は許されまいとして、司法に範を採るのは矛盾であると反論され得る。しかしながら、緩慢で迂遠ではあっても、企業の運営と組織の管理において司法から学ぶ姿勢が、結局、速さを担保し、安価でもある。司法の根本義が満たされれば不祥事は生じないし、不都合な真実も隠蔽されないはずである。このことが、結局において、企業の持続的発展につながるはずである。会社法において、内部統制システムの構築義務や内部通報制度が定められ、さらに社外取締役の設置の義務化が図られ、金融商品取引法において様々な企業情報の開示などが定められ、さらに、ガバナンスコードやフィデューシャリー・デューティーなどに関する通達（例えば、金融庁「顧客本位の業務運営に関する原則」（平成29年3月30日））が出されるが、これらはあくまで司法の要諦として内在する合理性や透明性などを企業の運営および組織の管理に求めるものといっても過言ではない。

　企業統治・コーポレートガバナンスが、それ自体、当初は不祥事の再発の防止の観点から語られていたが、むしろ積極的に企業の収益性や効率性の目的に奉仕するものであることが認識されてきたとおり、司法的企業運営も、同様に、積極的な作動に与することになるのである。司法的企業運営は、グローバル化に対して法の遵守を徹底することができ、情報の高度化によって時々刻々と変化する社会に対しても、迅速で効率よく対応するために、柔軟でしなやかに対応することができるのである。

第2 司法的企業運営の背景

なぜ、今、司法的企業運営が求められるかについて、現在の社会経済事情等の背景から、さらに明らかにする。

1 企業を取り巻く背景

(1) 事後救済型社会

社会のあり方について、とりわけ、平成12年頃から、行政改革や司法制度改革が唱えられたとおり、事前規制から事後救済型社会へと転換が迫られ、自律型社会において自己責任の徹底を促すことになる。法のあり方も一層着目されるようになってきた。

また、規制の緩和に伴い、古くは司法制度改革審議会意見書が指摘するとおり、紛争の解決を通じて、予測可能で透明性が高く公正なルールが設定されることが望まれ、裁判所の判断が、たとえ下級審の判断であっても、企業の行動規範に影響を与え、将来に向かっての指針となり得ることが指摘される。

(2) 自由度の高い会社環境

自律型社会においては、会社法の分野でも、様々な規制が撤廃緩和され、会社の機関設計を柔軟にし、組織再編の弾力化を図り、企業運営において戦略の選択の幅を許し、また、定款自治といわれるように、各会社の自由にゆだねられるようになった。企業の活動においても、ますます自由度が増し、他者との自由な競争にさらされ、そのためにリスクを冒すことが避けられず、コンプライアンスとリスクの適切な管理が求められる。このように会社を取り巻く法環境に自由度が増すに伴い、自律と自己規範化が一層求められることになり、法規範あるいはその精神に対する遵守意識

が強く要請され、さらにはステークホルダーなどの外部の目が厳しく注がれ、その要求も高度化し、企業の運営組織の管理において一層司法的感性が求められることになる。

⑶　法律の役割

　一方、企業の運営や組織の管理の方向性を示すものとして、多くの法令が定められ、その上、規制官庁の発する通達等が実に多く張り巡らされている。高度情報化の進展に伴い、個人情報の保護に関する法律や公益通報者保護法などが改正され、時には法律が後追いの状況すら生まれつつある。このような状況が世界的規模で現われている。

　会社は、諸外国の法令等を含むこれらの法令等を遵守すべき義務を負い、そのため、普段からこれらを踏査し、そして、日々生起する個別の事象に対して、適切に対処することを迫られる。企業活動においても、コンプライアンス経営とか社会的責任CSRなどが強調されることになる。しかしながら、法令やソフトローの文理は理解されても、その趣旨が読み取れないために戸惑いを感じ、企業の運営等における個別の場面において、これらの遵守の基準や方法に一義的な解答がないことに気付き、愕然とするのである。例えば、契約書の作成において、どこまで記載する必要があるのか、有価証券報告書等の記載において、どのように具体的に記述するのか一義的な解答を見出すのは容易ではない。ましてや、外国の通達等については、それを掴み取ることすら難儀である。その上、これらの規範を待って、あるいはこれらに従順に従って満足するのであれば、企業の自主性が損なわれ、自由度の高い経営が後退することになりかねない。会社法が内部統制システムの構築を義務付け、あるいは金融商品取引法が内部統制報告書の提出を義務付けても、その精神が企業統治に生かされなければ無益である。

　裁判の過程で示された考えや裁判結果として提示された情報は、これらの戸惑いや不満足に対して多くの示唆を与えてくれるのである。

2　不祥事の発生

　さらに、これらの法規範を遵守することが意外と難しいことは、多くの不祥事の発生から看取される。法律には、例えば優越的地位の乱用の禁止について定められ、通達等では、顧客本位主義などが細かく指摘され、それに応じて、会社でも、独自の行動規範を策定し、営業現場に対して厳しくそれに従うことを要求している。それにもかかわらず、現場ではそれが守られず、あるいはそれを守ることに追い付かないという現状がある。会社法が、従前から、監査制度の強化など様々な規制を提供してきたものの、不祥事を絶やすことに奏功しなかったのは、根本義が置き忘れられてきたからにほかならない。上場企業にあっては各種の開示制度によって企業統治を担保するが、これとて仕組みだけを求めれば、不祥事等は避けられない。

　また、いろいろな不祥事が生じるが、その防止や事後の対策でも、芳しい状態を見ることがまれである。これらの不祥事は、見えないところに問題があり、見えないところで発生する。企業風土や体質は、その最たるものである。経営者の意図が従業員や投資家からはなかなか見えないのであり、部署間の隙間やアウトソーシング委託事業なども、目が届かないところであり、これだけにとどまらず、法律やソフトローの趣旨や目的が見えないのであり、行動規範に書かれていない趣旨や目的も同様に見えにくいのである。内部統制システムの構築1つをとって見ても、その具体的な内容を各会社の自由にゆだねていながら、その趣旨が不明であれば、絵に描いた餅である。かつて世間に衝撃を与えた有価証券報告書の虚偽記載の事例などは、その開示制度の目的と趣旨を理解していれば、あるいはそれの与える影響などに考えが至れば、あり得ないはずであり、少なくともいずれかの時点で誰かが指摘できたはずであるが、容易に法を越え、それを看過したことは、その証左といえる。

　これらの見えないところに対処するためには、常に見えないところを相手にしている司法から学び得るのである。

3　法の支配

　企業運営や組織管理において、昨今、コンプライアンスの精神やガバナンスの徹底が声高に叫ばれるが、その根底に法律の崇拝と法令の遵守がある。また、グローバリゼーションもあって、随所で米国型経営の要請があるが、米国型の根幹は、すなわち法の支配の貫徹である。我が国のみならず、米国の規制官庁が出す各種ソフトローもすべてこのような観点から生まれているといえる。一方、各国においても、自国に固有の法制度を貫くとともに、様々な規制を施し、他国にもその遵守を求める。現在定められている様々な法状況や規制も、それ自体法の支配を体現するためのものであるということができる。さらに、企業の社会的責任が求められてくれば、より厳しく最小限の倫理としての法の遵守が求められる。

　組織を盤石にし、日々の事業運営を適切に遂行するためには、法を体現することが求められ、グローバリゼーションに乗り遅れないためには、各国における先端の法規制を、その精神までも感得する必要がある。自由度を高め、自律的であれば、それだけに摩擦が生じやすくなるが、そのために法による解決が強く求められる。法化社会とか訴訟社会といわれるゆえんである。

4　今こそ司法的企業運営

　前記の背景事情をみれば、今こそ司法的企業運営が強く求められるといえよう。司法的企業運営は、あらゆる事態において、例えば、事業を進めるにあたって、行動規範に書かれていない事態を前にして、あるいは、ソフトローの細部を知らないでも、さらに、不祥事が出来したときにも、毅然とした対応を確保することができるからである。

　各種法令や通達等は、その形式面を捉えるだけでは、個別の事象に対して、対応することは極めて難しい場合があり、そこに必要とされるのは、法の考え方であり、それは生きた裁判から学び得ることである。

また、不祥事が発生した場合に、その事後的対応はまさに裁判過程と同質であるということができる。裁判は、紛争の発生によって、言い分や証拠によって、紛争に至る過程を知り、紛争を解決に導くものであるからである。不適切な事象を予防し、将来に向かって健全性を確保するための事前の対策においても、裁判過程を反転させることによって、紛争の発生を予測して、未然の防止を図ることができるのである。不祥事が発生する真因ともいえるあらゆる見えないものに対して、正しく対処できる術を獲得するために、手続面において愚直に規範的対応をし、実体面において規範に従った結果を生み出すことが求められるが、それこそ裁判に学ぶ司法的企業運営である。

　そもそも、コンプライアンスやガバナンスも、裁判の仕組みに根源があるといえる。裁判こそ紛争を通じて法を体現するものであり、法令や各種通達等は裁判において使われるツールであり、その趣旨について一定の解釈指針が示されるのも裁判である。

　裁判は、成熟した仕組みとして歴史を担うとともに、時代に先行することはあり得ないとしても、時代を背景にして、先端の事象を感じ取っているということができる。

第3 裁判過程から見る司法的企業運営

　専制君主の横暴や権力者の恣意を排するために成立した近代国家の裁判制度は、厳正と公正を確保するためにいくつかの原則を確立した。法による裁判、司法権の独立、裁判公開、さらに国民参加などがそれである。これらの仕組みは、企業活動において独立した立場で自立した判断を求められる日々の各場面で、参照に値するといえよう。企業統治指針の示す5つの原則も、まさに司法の精神を顕したものといえる。

　企業の自律した組織管理や企業運営に健全さと適切さを求めるために、司法のあり様や仕組みから、司法的企業運営の真髄を探ってみることとする。

1　コンプライアンス

　司法は法律のみに拘束される。その究極の判断において法律に従うことは当然であるが、訴えの提起に始まり、判決の言渡しに至るまで、履践すべき手続が定められ、関係者はそれに従うことが求められる。

　組織の管理にも、企業の運営や取引にも、そして、会社の不祥事の事後措置にも、愚直に法律にのみ従うことが必要であり、その過程にも結果にも、万般において法律に勝る上位規範はないと心得ておくべきである。根本義を正義に求めれば、えてして右往左往し、あるいは独りよがりになり、道義や情実などに寄りかかると必ず偏頗に陥り失敗する。特に、経営判断において、たとえ新規の、あるいは機密を要する事項であっても、その過程において法規範を履行することが強く求められる。今流にいえば、コンプライアンスの遵守であり、ガバナンスの確立である。

2 透 明 性

　司法は公開法廷で行われる。裁判官の一挙手一投足が、当事者や傍聴人はもとよりメディアによる報道によって監視され、もって他者の目にさらされることにより、手続の履践が時々刻々検証され、もって適正な手続が確保されるのである。

　日ごろの業務運営においても、不祥事の事後措置においても、他者を想定することで緊張が強いられ、隠すという意図もおのずから封じられるのである。密室で談合し、隠れて処理することが歪みを生む。現場の１線が２線によって、次いで３線によって順次監視され、さらに監査部署から監査を受け、極みは株主等のステークホルダーによる監視の目にさらされ、同時にそれぞれがそのことを意識して企業運営を図ることが重要である。今流にいえば、透明性の確保である。

3 対話と知性

　司法は当事者の主張を基礎とする。当事者双方から言い分を提示して、ひたすら判断者の理性に訴える。その言い分は、真理に近づけるように自由闊達で粛々と応酬が尽くされ、判断者はその過程を謙虚に受け止めるのである。最近では、ディベート型審理が唱えられ、当事者とも徹底的に争点について意見を交わすことを重視する。

　日ごろの業務運営においても、その正当性の検証は、各部署間の、あるいは取締役相互の闊達な意見交換によって担保されるのである。経営は、知性によって支えられ、知性による検証に耐えるものでなければならず、従業員を含むステークホルダーの意見を謙虚に受け入れるものでなければならない。株主や投資家との対話も重視されなければならない。そのためには、日ごろから、経営トップにおいて経営理念や方針を丁寧に語りかけ、社内における上下間、部署間での情報連携を密に図り、持株会社と各業態間での情報交換、内部通報制度やホームページなどを含む内部から外

部への情報発信に積極的に関わり、メディアによる報道、市場からの声など外部から虚心に情報を受容する必要がある。不祥事や失態に対して、弁明は許されても、弥縫や声高が勝つことがあってはならない。もちろんごね得は許されない。今流にいえば、対話の促進であり、知性の確保である。

4 多様性と一体性

　司法は、合議制を原則とする。単独の裁判は不正の裁判といわれることがあるが、それほどに司法は、独善性を排することを一大命題とする。評議において、各裁判官が自らの意見を真率に開陳し、他者の意見をよく理解し、評議を徹底して一致した結論を見出すべく努めるのである。

　組織管理においても、企業運営においても、また取引においても、独善や偏頗があってはならない。そのためには、現場と監督部門間で、各部署間で、多様な意見があることを当然のこととして、徹底的に意見を交換し、反対意見を謙虚に受け入れた上、統一意思を目指すべきである。企業内において、働き方に多様性が求められ、それぞれの職場において自律性が求められれば求められるほど、一方では、そのチームワークと統括が要求される。今流にいえば、多様性と一体性の確保である。

5 合 理 性

　裁判は、双方から出された言い分の当否を証拠によって決める。言い分には裏付けが要求され、他者による反対尋問や反証に耐え得るものでなければならない。証拠はそれ自体正当と評価されるものでなければならず、裁判官には、証拠の採否を正しく評価し得る透徹した目が必要である。

　経営判断は、その過程においても実体においても、常に確実な裏付けが求められ、憶測や一時的な功罪に惑わされてはならない。裏付け自体は、合理的で立証可能なものでなければならず、検証不能であってはならな

い。その検証作業は、各部署間で重層的に行われる必要があり、かつ、他者の目によることが求められる。これらのことは、各種取引や契約の締結などの業務の運営においても同様である。企業運営において、もちろん手打ちや馴れ合いも許されない。社外取締役による第三者の目は、経営判断の客観化を支援するものである。今流にいえば、客観的合理性である。

6 機密性

　裁判には、厳しく秘密保持が求められる。評議は公行しないと定められ、各裁判官は秘密を守らなければならない。裁判官の間の評議や判決の内容が、当事者はもちろん、たとえ家族など親しい者であっても事前に漏らされてはならない。メディアからの取材に対しても、秘密厳守が厳しく課せられる。それは、裁判の求める公正を確保するためのものであり、裁判に信頼をつなぎとめるものである。

　経営判断にも、高度な機密性が求められる。それは事業体の成果物を守り、企業の負う他者との競争に耐え、ステークホルダーの信頼を維持するためのものである。事業に携わる従業員のすべてにおいても、同様に、取引過程においても、日ごろの業務の遂行においても、秘密保持義務の定めの存否にかかわらず、おのずから機密性が求められるのであり、信用を毀損することがあってはならず、相手方や利害関係者の信頼を裏切ってはならない。透明性を誤解して取得した情報を漏えいすることは許されない。今流にいえば、機密性の確保である。

7 毅然と果断

　司法には裁判官がいる。裁判官は、独立していかなる事態にも独りで断を下し、自らの判断に毅然と責任を取る。証拠と反証、利益と不利益が五分五分のような最も困難な局面を前にして、独り経験と知見をもって決断しなければならない。もちろん世論や法廷外のもろもろの意見などに右往

左往することは許されない。そのために、裁判官は、厳しく己を律し、日々知見の習得と人格の陶治のためにOJTや研さんに努める。

　取引であっても、企業運営であっても、経営者はもとより、現場を預かる者は、その将であり、将たる者は、いかなる場面においても、独り経験と知見をもって判断を下さなければならない。その判断は、不羈であり、崇高である。将たる者は、そのために、普段から難局に耐え得る鍛錬をしておくことが必要である。今流にいえば、毅然と果断な判断の自立である。

8　説明責任

　司法は判決・決定で断を下し、その内容は判決書・決定書によって明らかにされる。裁判官は、裁判の過程においても、当事者の言い分や異議申立てに対して丁寧に応答し、その主張の当否および結論について、その理由を明らかにしなければならない。

　経営判断はもとより各種取引において、その過程と結果が明瞭に示されなければならない。経営者は、企業風土や取引慣行に目配りを怠らず、従業員、ステークホルダー、さらには国民に向けて、経営理念や経営の基本指針をわかりやすく語り、不祥事等についても、すべての言い分や疑問に丁寧に応答する責務がある。今流にいえば、説明責任である。

9　清澄さ

　司法には上訴制がある。上訴審においては、新たな言い分と証拠に基づいて、前審の審理過程と判断内容を虚心に見直す。当事者においては、いっときの論争に敗れても、たとえ証拠を示すことができなくても、省みて、堂々とかつ謙虚に法廷という土俵で納得のいくまで営為を尽くすことが求められる。遠吠えも開き直りもいけない。

　業務運営においても組織管理においても、不都合な事情が生じ得ること

は避けられないのであり、その場合には、不都合な事実を率直に見直して
謙虚に省みるとともに、その事実の発生に至る過程と真因を徹底的に探
り、次を見据えて新たな施策に邁進することが求められる。今流にいえ
ば、清澄さである。

10 信義と誠実

あらゆる権利の行使も義務の履行も、信義に従い誠実に行わなければな
らない。訴訟行為においても、当事者には信義と誠実が求められることが
定められている（民訴法2条）。証人や鑑定人は、宣誓の上、良心に従い真
実を述べ、あるいは誠実に鑑定をしなければならないのであり、当事者に
おいても証人らを侮辱したり困惑させてはならないと定められている。

従業員の処遇を含む組織の管理にも、取引を含む業務の遂行にも、信義
に従って誠実に行われなければならない。従業員の指導において、成果第
一主義を標榜して過度に成果をあおったり、その処遇において不公平が
あってはならず、取引において、競争に打ち勝つため、あるいは成果を急
ぐあまり、顧客に対して真実を覆ったり、不当な誘導を試みることも、さ
らには優越的地位を利用することもあってはならない。経営者が従業員に
語りかける経営理念が、本音とかけ離れたものであってはならず、投資家
に明かす経営方針が真実から外れたものであってはならないことも当然で
ある。今流にいえば、信義誠実の原則である。

第4 裁判結果から見る司法的企業運営

　裁判は、紛争の解決を目指すものであり、紛争の解決として、和解も含めて、法律を適用して具体的妥当性を見つけることであり、争いのある法律状態を正すことである。この場合に、法律やソフトローはツールとして用いられるとともに、裁判の結果として、法律やソフトローのあり様が示され、その趣旨が解釈され、事案に応じて、妥当する範囲が判断されることになる。また、法律等の判断の究極にあるものは、恒久的には、正義と公平であり、そこから、例えば、株主総会の運営において説明責任が強調され、取締役会の判断に透明性が求められ、経営判断の正当性の判断に正しい手続の履行が重視されるように、透明性、手続的正義、あるいは説明責任など、時代の要請による価値が敷衍されることもある。さらにいえば、裁判が、時に法令の適用では賄いきれない不合理さに遭遇するときに、信義則や権利の濫用という一般条項の当てはめによって妥当性を追求することがある。

　様々な事象を扱う裁判からは、法律の解釈からその趣旨まで、さらに普遍的正当性や時代の要請する価値など多くの情報を得ることができるはずである。これらの情報は、日ごろの個別の取引や企業の運営において、指針や行動規範を提供し、さらに組織の管理と企業の運営の正当性を検証する手段としての役割を果たすことになる。そのためにも、日ごろから、裁判情報に着目しておくことが強く求められる。

第5 司法的企業運営の実践

1 司法的企業運営の基礎

　司法的企業運営の実効性を担保するものは、既に述べたとおり、法律であり、それの具体化である裁判である。これらの法律と裁判の結果としての判決・決定は、その生成過程において様々な情報が伝達され交換され、その結果として結実されたもので、言語によって顕される。司法的企業運営の実践にあたり、その基礎を成すものは、これらの情報の実体とその伝達である。古くは米国トレッドウェイ委員会組織委員会COSO報告書などにおいて強調されているとおりである。情報の伝達は、経営トップが語りかける理念や経営方針の開示、取締役会等における意見交換、社内部の上下間や部署間で行われる情報交流、さらには、内部通報制度や会社のホームページなどを含む内部から外部への情報の伝達と外部からの情報の受容などまで、すべてが実体において正しく、手続において適正なものでなければならない。そして、これらの情報の伝達の正当性を検証し、確保する手立ても、また情報である。会社運営も組織管理も、これらの情報に支配され、規律拘束されるばかりではなく、積極的にツールとして使いこなさなければならない。

　その上で、組織管理と企業運営において、その過程を情報として管理しておくことが求められる。業務プロセスを文書として保存して可視化することは、それによって外部に対して検証可能なものとするのみならず、自社の企業運営を自覚化することにも裨益（ひえき）するのである。このことによって、組織管理と企業運営を、したたかで、柔軟で、ぶれないものにすることができる。

2　司法的企業運営の３つの視点

　司法的企業運営の実践において、３つの目——曇りのない目、正義の目、虫の目と鳥の目——が求められる。

　曇りのない目というのは、社内外における人とのやりとり、各種交渉、組織の運営、不祥事発生後の対応など、いずれの場面においても、その相手方、事態に対して、何ら予断もなく、白紙の状態で向き合うということである。このことは、言うは易くで、なかなか困難である。例えば、契約の更新において、取引の過程において既定のマニュアルを踏襲することに急で事情の変更や事態の推移を無視して、大きな落とし穴があることに気付かないことがある。不祥事の事後対応において、最も重要であるのは当該事案の証拠に裏付けられた事実の正しい掌握であり、それをもとに当該事案が、その会社の企業体質に起因するものか、事案に関わった者の個人的特殊要因に関わるものかなどについて正しく評価した上、結果としての会社の信用の低下、市場等の反応などを考慮した上、当該不祥事に関わった者の処分とその事実の公表等の後始末を決めるべきであって、その過程を怠り、世間の反応や監督官庁の意向に過度にとらわれて、不祥事案の本質を見誤ることがあってはならない。曇りのない目は、様々な場面で本旨を思い起こさせる。

　正義の目というのは、具体の取引や企業運営において、えてして法律やソフトローに合致しているかどうかに照準を合わせがちであるが、法律などを一切抜きにして虚心に事態を見ることも必要である。法律等の適合性は、司法的企業運営の要諦ではあるが、それをもって足りるとしないで、その適合性を必ず正義の目で検証することが求められる。社会において発生する事象は千差万別で、法律による形式的な当てはめだけでは落ち着きが悪いとか、結果を見るとスジが通らないという事態が必ず起こるのであり、あるいは当てはめにおいて広範な解釈を必要とする場合があり得るからである。取引においても、経営判断においても、スジとかスワリということがあるはずである。振り返って正義や公平の視点から見ることによっ

て、歪んだ結果を招くことを防止することができる。正義の目は、組織管理と企業運営において、検証と監視の役割を果たす。

そして、虫の目と鳥の目というのは、言うまでもなく大所高所から俯瞰すると同時に、真実は細部に宿るというように、決して細部も見落とさないことである。経営判断は、言うまでもなく大所高所から複眼的に多くの事項を考慮に入れ、時には将来的な計測的判断も要するが、判断の裏には過去に発生した細部の事情の集積を求められることがあると同時に、社外取締役の目を借りて一歩退いて見つめ直すことも肝要である。取引を始めるにあたっても、同様に、過去の事象を照顧するとともに、当該取引を第三者の目で見返すことも必要である。虫の目と鳥の目は、あらゆる分野で誤謬を抑えることに寄与する。

これらの3つの目は、普段の業務運営においても、紛争の前にも後にも、備えておくことを忘れてはならない

3　法務部の関わり

司法的企業運営において最も重要なことは、前記のとおり、法の体現である。そのために欠かせないものは、法務部または法律担当者の関わりである。司法的企業運営が、裁判に関わり法に関わるものであるから、そこでは、事後的な関わりのみならず事前の予防的措置においても、法務部の役割が極めて大きいものになる。かつては、法務部は、事後的なお墨付きを得るための後追いの機関にすぎなかったが、今やその役割は経営の基盤に積極的に関わる。特に新しい会社法においては、企業運営と組織管理において様々な戦略を提供しているから、法務の役割はそれだけに大きくなってきているということができる。会社のすべての取引について、法的側面から検討して紛争の発生を未然に防止することはもとより、日ごろから研修などを通じて社内の法律意識の涵養に努めるとともに、会社の意思決定にも関わり、その適法性の確保に尽力し、内部統制制度の運営にも中心的役割を果たすことが期待される。

経済産業省平成30年4月「国際競争力強化に向けた日本企業の法務機能の在り方研究会」報告書にも、ビジネスのグローバル化、IT技術をはじめとするイノベーションの進展やレピュテーションリスクの増大等によって、企業のリーガルリスクが複雑化多様化していることが指摘され、経営にリーガルの視点が不可欠となり、リーガルリスクの対応において法務部門の果たす役割が重要となることが触れられている。

　加えて、社会のデジタル化の進展、AIの普及など近年の科学技術・イノベーションの急速な発展が、人間や社会のあり方に変容を迫り、豊かで持続的な社会を実現するためには、人間や社会の多様な側面を総合的に理解することが必須で、そのために人文科学の特質であるリフレクティブ・キャパシティが果たす役割が重要であると説かれる（総合科学技術・イノベーション会議基本計画専門調査会制度課題ワーキンググループ報告書）。各人が企業現場で自らどのように考え行動するかが求められ、その基礎にリーガルセンスなりリーガルリテラシーが必要とされる。法務部は、それを主導する役割を担うのである。

第 *2* 章

司法的企業運営と法律・判例

第1 法律の意義と解釈

　司法的企業運営におけるツールとしての法律について、その意義と解釈について説明する。

　法律は、各般の利益の調整を図り、あるいは規制を施すものであるが、組織の管理および企業の運営においては、その指導理念を示し、正当性を付与するものであり、まさにその基礎にあるということができる。そのために、司法的企業運営においては、法律の趣旨をよく理解することが何よりも必要である。しかしながら、その解釈をめぐって疑義が持たれ、争われることが多い。法律および政令、さらには各種ソフトローを使いこなすためには、その立法の過程と解釈の指針を知っておく必要がある。さもなくば、会社のガバナンスを誤り、コンプライアンスの要請にも応えることができないのである。

　ここで、法律の解釈について、法案の策定過程に照らして振り返ってみる。

1 法律の解釈

　法律の解釈について、文理解釈、論理解釈および立法者（起草者）意思解釈、さらに目的論的解釈などがあると説明される。そもそも法律の解釈とは何かが問われなければならないが、ここではとりあえず法律の意味の探索であり、その内包と外延を明らかにすることといっておく。文理解釈とは、当該条文の文字の普通の意味に従うものであり、論理解釈とは、当該条文が含まれている法体系において、体系内の他の条文と調和されるように内容を与えるものである。立法者意思解釈あるいは歴史的解釈とは、立法者が示す立法目的や体系的位置付けに従い、あるいは法律の策定の時

の背景や趣旨によって意味を探るものである。さらに目的論的解釈は、当該条文がどのような事態に対してどのように対処しようとしているのか、さらには妥当な結論を導き得るかという条文の趣旨目的を理解して解釈するというものである（星野英一『民法論集(1)』1頁（有斐閣、1970年）、能見善久「法律学・法解釈の基礎研究」星野英一先生古稀祝賀『日本民法学の形成と課題』41頁（有斐閣、1996年）、笹倉秀夫『法解釈講義』（東京大学出版会、2009年）ほか）。

　いずれの解釈手法が正しいかということを論じることはなかなか容易ではない。しかも、ここで解釈の方法として説明されている内容自体も必ずしも一致しない。いずれの解釈を選ぶにあたっても、法律がどのように策定されるかを無視することはできない。さもなくば解釈の是非がともすれば理念的に論じられ、あるいは価値判断が先行することになりかねないからである。そこで、法案の策定過程について紹介することとする。

2　法案の策定過程

(1)　府省庁における検討

　法案の企画立案の作業は、通常、所管の府省庁において行われる。内閣提出の法案は、すべて内閣法制局の審査を経て行われるが、その審査を経る前に、所管府省庁においては、官房文書課などの法制担当部局でその政策的意味も含めて法令として適正かどうか審査され、必要に応じて学識経験者等による審議会に付されるなどして相当の準備作業が行われている。

(2)　内閣法制局の審査の作業過程

　内閣法制局の審査は、その過程を形式面に着目していえば、担当参事官が主管府省庁から持ち込まれた法案文を読会方式により検討することによって行われる。審査は、通常、参事官が単独で行う。担当参事官は、主管府省庁の担当者から、当該法案の趣旨目的、全体構成などについて説明を受け、題名、目次、本則、附則、提案理由まで、読会方式で大まかなところから個々の条文の細部に至るまで逐次質疑応答を重ねることによって

行う。条文審査では法令用語や法令表現の適切さが検討される。

担当参事官による審査が終了すると、当該法案は、当該審査部の部長の審査を受ける。担当部長による審査は、担当参事官において、当該法案の趣旨を明らかにした上、逐条説明を行い、担当部長において、質問等をして各条文の検討を逐一行うことによって進められる。担当部長による審査の終了後、内閣法制次長および内閣法制局長官の決裁を経て、同長官名の公文書により「請議のとおり閣議決定の上国会に提出されてよいと認める」とし、「提案のとおり」として閣議に上申される。

(3) 国会の審議

法案については、内閣から国会に上程される。法案についての国会の審議においては、通常、内閣法制局が関与することはない。国会における所管省庁による趣旨説明や質疑に対する答弁は、当該府省庁の政府委員等によって行われるが、これらの説明等は、当該府省庁の責任のもとで行われる。

もっとも、多くの府省庁にあっては、国会における質疑に備え、あるいは法案の解説を後日に公刊するために、内閣法制局の審査と並行して、想定問答集を準備することがある。したがって、国会における政府答弁と内閣法制局における審査内容が異なることは、通常は、あり得ないといえる。内閣法制局による審査の内容と当該府省庁の意図が相違する場合として、あえて推測すれば、例えば、法案の審査時間等との関係から利害関係人間の調整を果たし得なかったとき、法案の審査過程において何らかの特別の事情から所管府省庁が審査法案に本旨を留保していた場合などが想定されようか。これらが好ましくないことは言うまでもない。

3 法令の審査

(1) 内閣法制局の審査

内閣法制局の審査は、実質面に着目していえば、当該法案について、立法事実および法律事項（人に権利を与え義務を課す規定）がなければならな

いので、その検討から始められる。その上で、当該法案の憲法適合性を判定し、憲法を頂点とする法体系、一般法はもとより他法との整合性が検討され、判例も参照される。さらに政策としての法的妥当性と合理性について検討されるが、その際、社会経済情勢とともに法的安定性をも考慮し、法規範としての相当性が判断される。この場合に、内閣法制局の担当参事官において、関係諸団体の意向や関連審議会の意見を考慮することはもとより、国会情勢にも配慮し、時には立案府省庁とそれ以外の府省庁との意見の調整の役割も果たすことがある。当該法案の趣旨等に疑義がないと判断されたときは、条文を起こす作業を行う。条文化にあたっては、類似の法制度、判例・学説等を参照しながら、既存の法体系に矛盾することがないように他の法律の概念や表現との整合性に配意し、配列や用語の当否を検討した上、最も適切な表現を求める。とりわけ、用語や表現の選択においては、細心の注意が払われる。「ある事象を法令上規定する場合は、それについて他法令で使い慣わされているものと同一の表現とすること」が重視されるのである（山本庸幸「内閣法制局の審査」大森政輔＝鎌田薫編『立法学講義』97頁（商事法務、2006年））。

(2) 法案における用語と表現

　法案策定における用語や表現について、さらに敷衍すると、法案の審査にあたって、内閣法制局においては、立法技術として、その形式面では、「文字的表現が立法の目的とするところを正確に、かつ、分かりやすく表現していなければならない」とし、「第一に考えるべきことは、正確、適切な用語の選択ということである。つまり、立法の内容を表すのに最も適当な言語的表現を用いなければならないということであるが、これについては、まず、なるべく、いろいろの意味をもつ、あるいは立法の内容に対して広すぎる意味をもつような用語はなるべく使うべきでないということ、および社会一般で使われる用語の意味とかけ離れた意味を付してある用語を用いたり、同じ法令または関連する法令の間で同じ用語に対して違う意味を与えるような使い方をすること等は、なるべくすべきでないということを考えるべきであろう。もし、どうしても、こういうような用語を

用いる必要がある場合には、定義規定を設けて、その場合における用語の意味を特定することを考えるべきものであろう」（林修三ほか『例解立法技術［第2次全訂版］』20頁（学陽書房、1983年））ということを心掛ける。とりわけ、上記のとおり、既存の法律の概念や表現との整合性を重視することになる。したがって、ある用語や表現が、法令全般において同一の使われ方がされることを担保するために、確立された法令用語と法令表現を求めてあらゆる法令にデータベースでアクセスするなどした上、参事官による審査にあたっては、法案審査の経験を集大成した例規集を用意し、内閣法制局「法令審査事務提要」や「法令整備会議関係資料集」等に依拠し、部長による審査、内閣法制次長、内閣法制局長官の決裁を通して、各府省庁に係る各法令間の整合性と統一性が図られる。さらに、内部的には、定期的に法令審査部の全参事官が集合する会議において、新規の用例等法令の策定について検証協議することが行われている。したがって、ある表現が共通の認識と異なる使われ方がされることは、厳しく排除されることになっている。法令の整合性と統一性の確保を担う内閣法制局において、曖昧な概念や表現を使用したり、同一の表現によって異なる意味を表すことは最も嫌忌する。なぜならば、それぞれの立場で、自らの利害の中で価値判断を施すことになりかねず、法律の客観性が保たれず、法的安定性を害することになるからである。

　法案によっては、相当に解釈にゆだねるものも認められないではない。一般に、規制官庁による法案においては、法案の性質上、あるいは権限の設定または権利の制限に関わることから、解釈の余地を残さないように配慮がされている。例えば、規制の要件について、書き尽くすことが困難な場合には、例示をした上、細部を政令にゆだねるなどの工夫を施している。他方、法務省法案に見られるように、特に基本法に関するものは、評価的規定を定めることが多く、しかも政令にゆだねることはまれであり、司法の判断に任せるとの立場も感じられる。この場合には、策定過程において、部長、特に規制官庁出身の部長との間で見解が異なることもある。平成17年の会社法（平成17年法律第86号）の制定については、従来の法務

省所管法律とは様相が異なり、規定振りがわかりにくいなどの批判もあったが、それでも根本のところで規範的条文が保持されたのは、基本法としての性格上やむを得ないものであったといえよう。

⑶　立法趣旨

　立法趣旨は、立法府における意思をいい、国会が法案の唯一の議決機関であることから、通常、国会および付託委員会における審議の過程から推認され、その過程は、政府委員による趣旨説明や質疑応答、付帯決議等から成る。加えて、立法者意思としては、当該法案があくまで内閣提出法案として提出される限りは、国会における審議過程と並んで内閣法制局における審査過程が重要な位置を占めるといえよう。なぜならば、内閣法制局の法体系の統一性の確保という役割からして、内閣法制局における審査過程が国会における審議の政府委員の役割に反映するといえるからである。そもそも立法者の主体自体が不明確であることがあり、その意見も例えば最初の起案または提案を担当する府省庁、その起案等にあたって諮問した委員会の意見などが絡み合って構成されているのであり、それを裏付ける資料も統一されたものが存在するわけではない。

　なお、前記のとおり、通常はあり得ないことではあるが、例えば、国会における政府答弁と内閣法制局における審査内容に食い違いが見られれば、あたかも内閣法制局における審査を欠くがごとき状況に等しいのであるから、立法者意思を探る場合にあたっては、当該事態を率直に認めて、国会の審議における政府委員の答弁等をもって立法者意思を体現する唯一の資料と位置付けることを控え、上記のような離齬のあることを留保した上、これを法案提出者の1つの意見と位置付けるしかあるまい。

　また、立法趣旨に関して、法案の策定に関与した所管府省庁の担当者が、法案の提出後に座談会等において意見を述べ、注釈を試みることがあるが、これらは本来立法趣旨と関わらないものである。かつて提案府省庁の意図と内閣法制局の担当者の意図が食い違ったことがあったことからも察せられる。

4 裁判と法解釈

(1) 裁判所は、適用すべき法律について、その解釈をめぐって争いがある場合はもとより、争点にない場合であっても無意識のうちに、憲法適合性の判断者としての役割を果たすために、常時、憲法適合性について、法案の策定過程と同様の検証を行っているといえる。裁判所が認定した事実につき法規を当てはめる作業をするにあたって具体的妥当性を検討することは、裁判の使命であるが、この場合にも法令の「正しさ」を問題としているのではない。さらに、裁判所によってまれに法形成がされることがあるが、当該状況に対して当てはめるべき法律が「空白」である場合や当該法律の適用に関して制約あるいは問題があることが明らかである場合に、その事情を認識した上、法の精神あるいは条理に従って、法律の解釈の名のもとに立法と同様の効果を目的とするものであって、広義の法解釈といえる。

(2) 判決や決定において、法令の解釈が示されることがあるが、結論を導くための説得の技術として使われることがあることにも注意を要する。また、法令の解釈と認定された事実に対する評価、とりわけ評価的規範に間接事実を当てはめる作業が混同されてはならない。後者の場合に、法律の解釈の装いがされる場合が認められる。さらに、判例において、目的論的解釈の手法がしばしば見られるが、この場合には、当事者の主張に従っていることがあるのみならず、文理解釈を試みた上、その部分を明示しないで説得の技法として装っていると見られることも多い。

(3) 理由中の説示の部分をめぐって識者間で論争が行われることがあるが、当該法律の条文の意義、さらには当該立法の趣旨についてその是非を主張し、あるいは価値判断を試みるものであって、もとより裁判において法律を当てはめる作業とは異なるものである。裁判例を素材として、立法について価値判断をすることは自由であるが、この場合にも、条文の文言とかけ離れたものであってはならない。

5 法律の解釈のあり方

(1) 最後に、法律の解釈のあり方について、立法過程を参考にして統括する。①法律の解釈は、まず用語の文理（常用の意味）に従い、次いで当該法規の目的や趣旨から論理的推論に移り、さらにそれを立法趣旨に照らして補完するという手順に従って進められるべきである。文理の意味の探求にあたり、不明な部分があれば、それを補うために、当該用語の他の法律における扱い、特に当該問題状況と同種の状況に係る法規を検討することが相当である。この場合において、参照されるべき法規は当時の立法であり、それが見当たらないときにはその後の立法に移る。②立法趣旨を参照する場合には、立法趣旨をそのまま現在の法態様に当てはめることができるかどうかについて、立法当時の経済社会状況とその後の状況を対比して慎重に検討されるべきである。立法趣旨から安易に実質解釈を施すことが状況の異なる場面に独自の見解を推し進める危険があるからである。③もっとも、立法目的に従えば、対応する規律を含むべきであるのに一定の事態に適用し得る規定を欠いていること、または不完全であることが明らかな場合には、類推解釈、反対解釈、もちろん解釈が許され、また、時代の求めるものの変容に伴い、目的論的解釈も施されることがあり得よう。この場合には、規定の不存在や状況の変化などの前提条件が厳しく検討されることが必要である。なぜならば、法案の策定作業においても、特に自由に対して規制または禁止を加える場合は、その対象を明確に規定するように心掛けているからである。

(2) 解釈のあり方について、「一は、民法法規に対して、人によっても事件によっても、その結果が異ならないように一般的な確実性を持つ内容を与えることであり、二は、それぞれの場合に適用されて妥当な結果をもたらすように具体的妥当性を持つ内容を与えることであると説かれている」（我妻栄『新訂民法総則（民法講義Ⅰ）』28頁（岩波書店、1965年））。第1の理由は、否定されないであろうが、第2の理由は、異論もあるであろう。法律の解釈の作業が裁判において認定された事実に対して法規を当て

はめる作業と混同されてはならないことはもちろんであるが、法解釈としては、前記のとおり、文理が不明であったり、曖昧である場合、あるいは法の欠缺があることが明白である場合に限定して、妥当とする余地がある。文理解釈を形式論とし、目的解釈を実質論として、後者に優位な価値があるとする傾向が見受けられるが、実質的解釈の名のもとに解釈者の自由な意図が入り込む余地があることは警戒されなければならない。

第2 判例・裁判例の意義と役割

　司法的企業運営の実践において、判例または裁判例の意義および役割を知っておく必要がある。裁判は、社会・経済・文化を映すものであるといわれ、会社訴訟においては、特に社会・経済の実態や動向がそのまま反映し、その解決も時代に即応したものであることが求められ、その判断が社会の耳目を集めるとともに、時には経済社会における行動規範を作ることにもなり、会社の活動や実体経済にも大きな影響を与えることがあるからである。例えば、最高裁判所の発する判決・決定である判例は、拘束力があるが、下級審の発する判決・決定である裁判例は、拘束力がないこと、判例の規範的意義は、法理判例、場合判例、事例判例によって異なることなどを知っておかねばならない。これらを正確に認識しておかなければ、組織の管理または企業の運営において、当該判例等の意義を過度に一般化して萎縮したり、当該判例等の規範力の及ぶ範囲を越えて予測を誤ることになりかねない。

1　判例・裁判例の誕生

　裁判は、あくまで具体的紛争の処理であり、当該訴訟を適切に解決することを目的とするものである。裁判所にあっては、適正妥当な解決を目指して終局の判断を示すことになる。

　(1)　判決や決定に至る過程を省みると、訴状または申立書によって、さらにはそれに対する答弁書等の応答によって、紛争の事実を知るとともに、その拠り所としている法規範（法の欠缺があるときにあっては、当事者の主張する法根拠とその周縁の法規）が定まり、例えば株主総会決議不存在確認訴訟において招集通知の欠缺を理由とするときは、その根拠として会

社法298条または299条の規定が定まり、次いでその規定をにらみながら、主張を重ね、証拠調べを進めて、最終判断に至る。この場合に、主張と証拠調べに従って事実の当てはめが動いてくるときは、改めて当該事案に対して適用されるべき法規範を練り直して事実への当てはめを試みることになる。その試みの中で、法規の直接の適用に疑義がないときは、そのまま最終判断に至り、当該法規範の解釈を要するとき、あるいはその解釈に争いがあるときには、その解釈を中間命題として設定して、最終の判断を示すことになる。

(2) 裁判所の判断は、判決または決定として示される。判決や決定には理由を記載することが求められる（民訴法253条、122条）。判決の理由は、口頭弁論終結時を基準として、そこにあらわれた主張と証拠をもとにして、事実を認定し、これに法規を当てはめることで示される。理由は主文を導くのに必要な限りで示せば足りる。法律審である上告審は、原審の適法に確定した事実をもとにして法律の当てはめについて判断することになる。上告審の判決および決定では、判決・決定要旨の部分が明らかになるように、判決書や決定書の作成の段階から意を用いられる。

理由の提示にあたっては、裁判が、本来、具体的事件の適正な解決を目指すものであることから、事件のスワリや落ち着きを考えて、その理由付けとして説示を加えたり、あるいは、法規自体が多義的で判断の幅が広い事案などにおいては、判断の根拠として中間的命題を提示することがある。とりわけ、会社訴訟においては、多数のステークホルダーが存在することから、回顧的判断にとどまらず、紛争の解決を通じて、将来をも見据えた配慮がされることがあり得る。

(3) ここで留意しておかなければならないことは、裁判には様々な制約があること、その制約に縛られて判例や裁判例が作られることである。第1に、事件そのものからくる制約がある。あらゆる紛争において、1つとして同じ事実はないということで、それぞれの背景事情が異なり、紛争の経緯が違うことを認識しておく必要がある。ともすれば紛争の類型化を図り、安易に他の同種事例をなぞることもあるが、控えなければならない。

第2に、訴訟の担い手からくる制約がある。例えば、代理人が会社訴訟に通暁していないために、提示されるべき事実や資料が裁判所にあらわれないことがある。新規の重要な争点のある事件であっても、あるいは専門的知見を要する事件であっても、裁判所の判断はあくまで当事者から提出された主張と資料によらざるを得ない。第3に、もちろん時間からの制約もある。会社を取り巻く諸状況から、早期に安定した法律関係を築くために、速やかに解決策の提示が求められるのみならず、事案によっては、例えば、取締役の地位不存在の請求訴訟では当該取締役の退任時期までに判断を要するなど期限が定まることもある。このような場合には、何よりも迅速性を重視した訴訟追行なり、審理を強いられ、迅速処理の目的のもとに性急に取り扱われる危険もある。

2 裁判の法形成機能

判決または決定は、当てはめるべき法規の解釈を通じて、法形成の役割をすることがある。そもそも適用されるべき法律が存在しない場合は、当該事象にまつわる法規周縁から該当法規範を探索し、また、法律があってもその規定が曖昧であったり、多義的あるいは包括的であったりする場合で、当該法規を直接適用することが困難なときには、あるいは当該法規の解釈に争いがあるときには、具体的事件に当てはめるための仲立ちとして法解釈を示すことがある。この場合においては、成文法の隙間を埋めたり、新たな解釈を加えたりすることで創造的役割を果たしているともいえる。特に、会社法分野では、社会経済の動きに柔軟に対処するために法規が包括的に規定されていたり、また、社会経済の動きに即応するために従来の解釈では賄いきれない場合が生じたり、さらに、民法や民訴法に対して特別法の地位にあるために、その適用において独自の規範化を要する場合がある。裁判官にあっては、司法と立法の関係を考えれば、裁判所による法形成については、より謙抑的であるべきであると認識して、できる限り、該当法規の探索を試みるべきである。裁判において判断基準を先例に

求める場合も、同様に、判例の趣旨の読み取りにあたっては、法形成を選択せざるを得ないかどうかを探るべきである。

3 判例の規範性と拘束力

　上告審で下された判決や決定は、いずれも確定した判断としての意味がある。最高裁判所の判決または決定の理由において法令の解釈適用について示された判断は、それを変更するためには大法廷の裁判によらなければならないのであり（裁判所法10条3号）、下級審において最高裁判所の判例に違反する判断がされた場合には、上告受理または抗告許可がされ（民訴法318条1項、337条2項）、その理由があるときには原判決・原決定は破棄される（同法325条1項、337条5項）。上告審の機能としての法令の解釈適用の統一の実現にほかならない。上告審で下された判決や決定は、下級審を拘束し、判例変更という留保はあるものの最高裁判所をも拘束するのである。

　判例の法源性または拘束力については、従前から争いがあるが、少なくとも同種事件に同一の解釈を施すという機能において、法の公平・平等の適用の要請に応えるものであることは否定できない。その限りにおいて制定法に準じる拘束力または規範的効力を持つといえる（最大決平25.9.4民集67巻6号1320頁・金法1983号104頁）。

　規範的価値のある部分は、判決または決定のうち判例部分に限られる。判例部分については、考え方に相違があるが、とりあえず具体的事件における結論を導くために不可欠の規範的命題といってよいであろう。もっとも、判例自体が具体的事件から生まれるものであるから、争われた事実と切り離しては存在し得ないことに留意しておくことが必要である。

　判例の規範的価値は、明確にされ、安定的に供する必要があるので、公式に認知されることが求められる。そこで、重要な価値のあるものは、後記のとおり、特に公式の判例集に登載される。判例集から、判例の規範的価値を見れば、いわゆる理論判例（法理判例、一般判例）、場合判例および

事例判例の３類型に分類される。大胆にいえば、理論判例とは、一般法理を示すもので法律と同等の規範性が認められ、場合判例とは、一定の類型化された事実がある場合に一般的に適用される規範として位置付けられ、そして事例判例とは、一定の具体的事実関係のもとにおいて適用される規範といえる。したがって、拘束力は、理論判例にあっては、法規範と同等であり、場合判例にあっては、示された事実の存在によって限定され、事例判例にあっては、同様の事情を必要とするということができる。もっとも、その規範性には程度の差があり、当てはめには柔軟さも求められるといえよう。その上、最近の判例には、その境界が曖昧で、例えば、場合判例として示されているものでも、事例判例であるものがある。

　なお、判例中の補足意見にも注目すべきである。補足意見は、法廷意見の理由付けを補足して説明するだけではなく、今後生じ得る問題を提示したり、残された問題に対して下級審にメッセージを送る意図がある場合もあるからである。

4　判例の種類と意義

　判例は、公式のものとして、民事裁判についていえば、最高裁判所民事判例集（「民集」と略称される）に掲げられるものがある。民集登載の選別は、最高裁判所内の判例委員会において行われる。判例委員会は、判例委員である各小法廷から選ばれた６名の裁判官と幹事である最高裁判所調査官（民事関係担当）全員で構成される。選別にあたっては、判示事項と判決・決定要旨が決められる。判例委員会に付議するにあたっては、あらかじめ最高裁判所調査官（民事関係担当）が会議において候補判例を選び、判示事項と判決・決定要旨を検討して準備する。判示事項と判決・決定要旨を示すことによって、おのずから判例部分が明示される。判例委員会で民集に登載されなかったもので重要なものは、最高裁判所裁判集に登載される。いずれも、一般の法律雑誌にも掲載される。

　民集に登載される判例は、重要な憲法判断や法律判断を含むものおよび

判例を変更するものはもとより、先例があっても、その意義を再度確認する必要があるものや重要な部分において事実関係が異なるものなどがあり、そのほか重要な反対意見が付されている場合もある。いずれも判例価値が高いものである。

判示事項や判決・決定要旨の作成にあたっては、その語法などについて厳格に取り決められている。もっとも、その扱いも次第に柔軟になってきているように思われる。

5　道具としての判例

判例を道具として使うためには、その判例価値または判例の規範性について認識しておく必要がある。判例の読み解きにあたっては、理論判例、場合判例、事例判例があることも知っておかなければならない。また、説諭部分の摘示や引用が繰り返されることによって、その部分を判例と見誤ることもあり得ることに注意を要する。これらを正確に認識しておかなければ、訴訟の場において道具として機能しないばかりか、会社実務において判例の規範的部分を越える部分を過度に一般化して萎縮したり、裁判の動向の予測を誤ったりすることになりかねない。特に、公開会社について示された規範やツールをそのまま非公開会社に当てはめようとするのは誤りである。

場合判例と事例判例については、その要件的事実または事情を満たしていない場合には、判例の拘束性がないということができる。また、理論判例であっても、決して不動のものではなく、法規の当てはめと同様に、特別の事情があるときには、別の解釈の余地もあり得る。

当事者としては、訴訟追行にあたって判例を的確に分析して、要件や事情が異なること、あるいは特段の事情があることを指摘することによって、判例の拘束から免れることを主張し、場合によっては、社会経済事情の変化等を根拠に果敢に判例変更を求める気構えがあってもよい。補足意見をもって論拠とすることもできる。

6 裁判例の意義

　裁判例について、まずは、判例との違いを認識しておくべきである。下級審の裁判例に事例として意義があることは否定されないが、その規範としての価値は否定される。下級審の裁判例には、いかに同種判断が繰り返されても、拘束力等はない。高裁の裁判例といえども、破棄された例が少なくないことからもうかがえる。もっとも、同種の判断が多数示されることによって、あるいは他の裁判所が追随することによって、当該裁判例が規範性を帯びることがある。しかし、これはあくまで事実上の規範性にとどまり、法律上の拘束力でもない。

　裁判例の意義の読み解きにあたっては、第1に、下級審裁判例が弁論主義によって制約を受けることを認識しておかなければならない。主張はもちろんであるが、間接事実についても、当事者から提示がない場合には、通常は考慮されないといえる。事実審として当事者の訴訟追行に多くを負っていることを銘記すべきである。第2に、いわゆる判例部分と傍論部分が厳密に意識されていないことが多々あることにも注意を要する。特に、会社訴訟の場合には、えてしてステークホルダーを気にして、一般論を展開したり、あるいは予防的効果を見越して行為規範を掲げたり、さらに、理由付けとしていわゆる筆が走ったりすることがあるからである。第3に、救済判例というものもあることを認識しておくべきである。当該事案のスワリや落ち着きを考え、あるいは信義則等の趣旨に照らして、当該法規範の本来の趣旨を離れても、その結果を良しとしようというものである。このような裁判例を行為規範として仰ぐことは妥当ではあるまい。このことは判例においてもあり得ることではあるが。

7 道具としての裁判例

　裁判例を道具として使う場合には、まず、最高裁判所の判例がないことを確認する必要がある。その上で、特に争われた事実を解明することが重

要である。また、当事者、裁判官とも、裁判例については、特に、前記の制約要因があることを自覚しておくべきである。そのために、第1に、すべて事例判例と心得て、事件を安易に類型化することは控えるべきで、事件の背景・実態を的確に把握して、事案に応じた判断を目指すべきである。特に、会社訴訟にあっては、専門性ゆえに、かえって同種事案と捉えて一定の鋳型に当てはめることがあるが、それはあってはならない。第2に、設定された中間的命題や理由付けにおける一般的説論の部分を準則化することは、前記のとおり極力控えるべきである。第3に、他方、司法の判断として最も時代に密着した時に提示されるものであるから、事案によっては、上記のような制約事情に留意した上で、そこで示された判断を参考として、時には行為規範とすることを試みてもよい。とりわけ、会社訴訟においては、多数のステークホルダーが存在すること、その性質上、類型化が図られやすいことに配慮して、将来を見越した判断が示されることがあるからである。

第*3* 各種取引―契約書の作成―

　ここから、司法的企業運営の実践として、各種取引、株主総会の運営、ガバナンス、業務運営、業務監査等に関する判例および裁判例を順次取り上げる。判例または裁判例について、従来、多くの解説が公にされているが、その多くは、判例等を素材として、学問的立場から、我が国に伝統的な法解釈を試みるものである。しかし、本書では、裁判実務に携わった経験から、立法趣旨ならぬ判例趣旨あるいは判例の意思を探求することとしたい。

　取引にあたっては、法令を遵守すべきことは当然である。この場合において、当該取引を直接規制する法令については、意識することが通常であるが、その根本にある法規範の趣旨を忘れがちである。あらゆる行為には信義則が適用されることを常に考えておくことも必要である。信義則の具体例として、契約締結において各種義務があり、説明義務がある。フィデューシャリー・デューティといわれるものも決して特別のものではないことを知っておくべきである。

1　契約締結の準備

　契約交渉にあたっては、信義に基づく誠実な対応が求められる。当事者の立場や状況、交渉の経緯、情報の格差等を常に掌握して、相手方においてどの程度の資料の作成等の準備をしているか、交渉の過程において、相手方に成約を予想されるような言動をしていないか、交渉の段階に応じて各種情報を提供しまたは必要な事実の説明を怠っていないかなどについて配慮しておくべきである。特に、契約締結の準備段階における説明については、説明義務違反を問われることのないように契約内容にとどまらずそ

の周辺の事項について必要かつ十分な説明を尽くすべきで、そのためには、できる限り当事者間において意見交換がされることが必要で、互いに誠実な応接が求められる。

最三小判平23.4.22 （金法1928号106頁）

●判示事項

　契約の一方当事者が契約の締結に先立ち信義則上の説明義務に違反して契約の締結に関する判断に影響を及ぼすべき情報を相手方に提供しなかった場合の債務不履行責任の有無

●判決要旨

　契約の一方当事者が、当該契約の締結に先立ち、信義則上の説明義務に違反して、当該契約を締結するか否かに関する判断に影響を及ぼすべき情報を相手方に提供しなかった場合には、上記一方当事者は、相手方が当該契約を締結したことにより被った損害につき、不法行為による賠償責任を負うことがあるのは格別、当該契約上の債務の不履行による賠償責任を負うことはない。

1　判決の形成に至る経緯

〔1〕　Ｙは、中小企業等協同組合法に基づいて設立された信用協同組合であり、平成12年12月16日、金融再生委員会から、金融機能の再生のための緊急措置に関する法律（平成11年法律第160号による改正前のもの）8条に基づき金融整理管財人による業務および財産の管理を命ずる処分を受け、その経営が破綻した。Ｘらは、Ｙの勧誘に応じて各500万円を出資した者であるが、Ｙの経営破綻により、本件各出資に係る持分の払戻しを受けることができなくなった。

Ｘらは、Ｙが、勧誘にあたり、自らが実質的な債務超過の状態にあって経営破綻のおそれがあることを説明すべき義務に違反したなどと主張して、Ｙに対し、出資契約上の債務不履行による損害賠償請求権に基づき、各500万円の支払を求めた。

　なお、Ｘらは、主位的に、不法行為による損害賠償請求権または出資契約の詐欺取消しもしくは錯誤無効を理由とする不当利得返還請求権に基づき、請求をし、いずれも棄却されたが、この部分については、不服申立てがされなかった。

　(2)　事実関係は、以下のとおり。

　①　Ｙは、平成6年に行われた監督官庁の立入検査において、自己資本比率の低下を指摘され、さらに、平成8年に行われた立入検査においても、資産の大部分を占める貸出金につき欠損見込額が巨額になり、自己資本比率がマイナス1.8％であって実質的な債務超過の状態にあるなどの指摘を受け、早急な改善を求められたが、その後も上記の状態を解消することができないままであった。

　②　Ｙは、平成10年から平成11年頃、資産の欠損見込額を前提とすると債務超過の状態にあって、監督官庁から破綻認定を受ける現実的な危険性があり、代表理事らが、このことを十分に認識し得たにもかかわらず、Ｙの新大阪支店の支店長において、Ｘらに対し、そのことを説明しないまま、Ｘらに出資するよう勧誘させた。

　③　Ｘらは、平成11年3月、勧誘に応じて、各500万円を出資した。

　(3)　原審（大阪高判平20.8.28金判1372号34頁）の判断は、以下のとおり。

　①　Ｙが、実質的な債務超過の状態にあって経営破綻の現実的な危険があることを説明しないまま、Ｘらに対して本件各出資を勧誘したことは、信義則上の説明義務に違反する。

　②　本件説明義務違反は、不法行為を構成するのみならず、本件各出資契約上の付随義務違反として債務不履行をも構成する。なぜならば、本件説明義務違反は、本件各出資契約が締結される前の段階において生じたものではあるが、およそ社会の中から特定の者を選んで契約関係に入ろうと

する当事者が、社会の一般人に対する不法行為上の責任よりも一層強い責任を課されることは、当然の事理であり、当該当事者が契約関係に入った以上は、契約上の信義則は契約締結前の段階まで遡って支配するに至るからである。

（4）　上告受理の申立ての理由は、Ｙの債務不履行責任を認めた原判決の違法をいうものである。

2　判決の形成

（1）　判決要旨記載のとおり。

（2）　その理由は、以下のとおり。

①　一方当事者が信義則上の説明義務に違反したために、相手方が本来であれば締結しなかったはずの契約を締結するに至り、損害を被った場合には、後に締結された契約は、上記説明義務の違反によって生じた結果と位置付けられるのであって、上記説明義務をもって上記契約に基づいて生じた義務であるということは、一種の背理であると言わざるを得ない。契約締結の準備段階においても、信義則が当事者間の法律関係を規律し、信義則上の義務が発生するからといって、その義務が当然にその後に締結された契約に基づくものであるということにならない。

②　このように解すると、損害賠償請求権は不法行為により発生したものであるから、民法724条前段所定の3年の消滅時効が適用されることになるが、上記の消滅時効の制度趣旨や同条前段の起算点の定めにかんがみると、このことにより被害者の権利救済が不当に妨げられることにはならない。

3　本判決の趣旨

（1）　本判決は、契約締結に先立って、信義則上の説明義務違反があったときであっても、当該契約上の債務の不履行による損害賠償責任を負わないという。

なお、本判決は、その前提として、契約締結の段階において、信義則上

の説明義務が発生することを説示するが、このことは、既に多くの判例が明らかにしている。また、本判決は、信義則上の説明義務の内容として、契約を締結するか否かに関する判断に影響を及ぼすべき情報を提供することと説示している。

(2) 本判決は、上記判断の理由として、後に締結された契約は、説明義務の違反によって生じた結果と位置付けられるのであって、上記説明義務をもって上記契約に基づいて生じた義務であるということは、一種の背理であると説く。この趣旨は当然であり、当該説明義務違反が当該契約による債務の不履行をもたらさないことも、当然である。

しかし、Ｘらが主張する債務不履行は、上記の趣旨とは異なり、当該契約上の債務の不履行をいうものではなく、当該契約に至る前の状態を特別な債権債務関係、あるいは当該契約に密接に結合する状態と捉えてその不履行をいうものである。原判決は、このことについて、社会の中から特定の者を選んで契約関係に入ろうとする場合において、当事者が社会の一般人に比して一層強い責任を課されると表す。

(3) 本判決は、債務不履行責任を否定するが、不法行為責任を否定しない。両者の違いは、時効において顕著である。そのことを踏まえて、本件の損害賠償請求権が不法行為により発生したものであるから、民法724条前段所定の３年の消滅時効が適用されることを指摘した上、消滅時効の制度趣旨や同条前段の起算点の定めから、このことにより被害者の権利救済が不当に妨げられることにはならないと付言する。この点に関して、別件訴訟における不法行為による損害賠償請求について、消滅時効について判断がされている（最二小判平23.4.22金法1928号111頁）。

なお、判決文のみならず判決要旨において、「不法行為による賠償責任を負うことがあるのは格別」と表示したのは、本来掲げる必要がないもので、上告受理申立ての理由に対する応答を超えるが、本件の争いの本旨に引かれたものであろう。

4 判例としての意義と規範性

　(1)　本判例は、いわゆる契約締結上の過失に関する責任一般について判断したものではなく、当該契約の締結に先立ち、信義則上の説明義務に違反して、当該契約を締結するか否かに関する判断に影響を及ぼすべき情報を相手方に提供しなかった場合に限定して、債務不履行責任を負わないと判断したもので、その規範性もこの部分に限る。したがって、いわゆる契約締結上の過失といわれる場面のうち上記の部分以外の場面については、判例の拘束力が及ばない。もっとも、本判例の考え方が、契約締結上の過失に関する他の場面において指導することはあり得る。

　(2)　本判例の規範性を考察するにあたって、契約締結上の過失を概観しておく。契約締結に至る前の段階における当事者の責任について、民法には規定がないが、判例は、早くから、当事者には信義則上の義務があることを示し、その義務に違反した場合には損害賠償の責を負うことを明らかにしている。例えば、契約締結の準備段階において、その準備または交渉の場面の義務として、誠実に交渉を続行し、あるいは必要な情報を相手方に提供すべきなどいくつかが考えられるが、①成約を期待して資料の作成等相応の準備をしていた場合（最三小判昭58.4.19判時1082号47頁、最三小判平19.2.27判時1964号45頁）、②契約の締結が通常予想される場合にそれが翻されたとき（最三小判昭59.9.18判時1137号51頁、最一小判平2.7.5裁判集民160号187頁）、③交渉の段階に応じて各種情報を提供しまたは必要な事実の説明を怠った場合（最三小判平15.12.9民集57巻11号1887頁・金法1706号35頁、最一小判平16.11.18民集58巻8号2225頁、最一小判平18.6.12金法1790号57頁）がある。そのうち、③の類型については、契約が成立した場合と成立に至らなかった場合があり得る。もっとも、①、②、③いずれの場合についても、信義則の適用の場面であるから、安易に類型化を図ることにも注意を要する。

　これらの契約締結上の過失による責任の法的性質として、不法行為と捉えるか契約責任と捉えるかについて、損害賠償請求権につき請求権競合と扱うことから、従来の判例では明らかにされなかったが、本件のように時

効の成否をめぐって争われることになり、判断を迫られたことになったわけである。契約責任と捉える説は、交渉段階に入った当事者間には、契約法によって規律される特殊な信頼関係が形成され、相手方の利益を保護すべき義務が生じ、その義務違反については不法行為以上の保護が与えられるべきであるという。原審判決の採る説でもある。この説に対して、本判例は、前記のとおり、後に締結された契約が、上記説明義務の違反によって生じた結果と位置付けられることをもって、上記説明義務を上記契約に基づいて生じた義務であるということが背理であると判示して契約責任説を排斥した。しかしながら、この理由付けは、いささか単純にすぎるもので、当事者の主張に対しても正しく応答していないとみられる。説明義務違反が、前記のとおり、その後に締結された契約から生じるものでないことは当然であり、また、契約が成立に至らなかった場合における責任については、本判例の理由付けは妥当せず、別途の理由付けを要することになる。これに対し契約説は、契約の成否にかかわらず、契約関係と同様に保護するというものである。

　本判例は、①、②に当たるような場合や説明義務違反があっても契約が成立しない場合には、前記のとおり、当然に拘束力がないが、加えてその理由付けをもって、契約締結上の過失を一律に取り扱うことは難しいといえよう。

　(3)　本判例が、説明義務の内容として、契約を締結するか否かに関する判断に影響を及ぼすべき情報を提供することと示したことは、今後の判断基準として意味があるといえる。従来の判例は、提供すべき場合における情報として、例えば、契約を締結するにあたって不可欠な情報（前掲最三小判平15.12.9)、意思決定をするにあたり（価格の適否を検討する上で）重要な事実（前掲最一小判平16.11.18）と説示していた。説明義務が問われる事例において、具体的な判断が積み重ねられていくのを見守りたい。

　(4)　判例中の補足意見は、一般に、法廷意見の理由付けを補足して説明するだけではなく、周辺の事象から今後生じ得る問題を提示したり、残された問題に対して下級審に解決の示唆を与えたり、方向性を示すなどの意

図がある場合もあるが、本件の補足意見は、法廷意見の説明を補充するにとどまる。

（5）なお、平成29年の民法改正において、契約交渉段階について、契約交渉の不当破棄やその法的性質および契約締結過程における説明義務・情報提供義務などについて検討項目とされたが、明文化されることはなかった。実務において信義則の当てはめにゆだねられていたことをもって立法が見送られたとすると、いささか疑問である。法律は、そもそも信義則の体系化ともいえるからである。もっとも、改正過程で交された意見には、信義則の適用にあたって参考とされるべきものがある。

5　道具としての判例

（1）本判例の拘束力は、前記のとおり、限定される。したがって、新たに契約締結段階における責任の性質が問われる場面としては、おそらく本件と同様に時効の成否が問われるときであろうが、この場合において、契約が成立に至らなかったとき、あるいは説明義務とは異なる信義則上の義務違背が存在することを主張するときには、別途理論構成をすることが可能である。もっとも、本判例との整合性を確保することは容易ではないが、試みるべきであろう。

（2）契約交渉の段階における信義則の適用にあたっては、当事者の立場や状況、契約交渉の段階や実情に応じて、誠実な対応、適切な情報の提供と資料の作成提示、相当な説明のほか、秘密の保持管理など要求される義務についてきめ細かく判断するべきである。そのうち、説明義務違背の存否については、本判例の説くように、契約を締結するか否かに関する判断に影響を及ぼすべき事柄に及ぶかどうかが検討されなければならない。いずれの場合においても、交渉の段階に応じた当事者の具体的な言動、資料の準備の経緯などが間接事実として意義を持つであろう。

（3）実際の契約交渉にあたっては、契約交渉の各段階で信義則上の義務が要求されることを考慮して、交渉に臨むべきである。当事者の立場や状況、交渉の経緯、情報の格差等を常に掌握して、相手方においてどの程度

の資料の作成等の準備をしているか、交渉の過程において、相手方に対して成約を予想されるような言動をしていないか、交渉の段階に応じて各種情報を提供しまたは必要な事実の説明を怠っていないかなどについて配慮しておかなければならない。もとより各種法令に定められる行為規制のみならず顧客本位の業務運営に関するソフトローなども遵守しなければならない。特に、契約締結の準備段階における説明については、説明義務違反を問われることのないように契約内容にとどまらずその周辺の事項について必要かつ十分な説明を尽くすべきで、そのためには、当事者間において意見交換がされ、誠実な応接がされることが求められる。また、いずれの場合においても、できる限り複数の者が交渉に立ち会い、交渉の過程、準備した状況を仔細に記録しておくことが必要である。他方、契約準備段階において契約に準じた扱いがされることも考えて、相手方に何らかの不誠意が示されたり、信頼がおけない事情が生じた場合には、契約における解除に準じて契約交渉を解消する意思を明確に示しておく必要がある。

2 契約の交渉―説明義務―

　契約交渉にあたっては、信義に基づく誠実な対応として説明義務を尽くさなければならない。適切な説明方法を見極めるために、顧客の知識や経験、事業の状況などの顧客の情報あるいは予想し得るステークホルダーの反応や行動などをあらかじめ収集し、契約交渉の目的に応じた説明方法を工夫し、さらに説明の過程で説明の内容も方法も修正していくことが必要である。これらの説明を尽くしたとする証拠を残しておくことが求められる。説明義務は、いろいろな社会分野において求められているが、その基本的考えには共通するものがあるはずである。

最三小判平28.3.15（金法2046号72頁）

◉**判示事項**

　顧客が証券会社の販売する仕組債を運用対象金融資産とする信託契約を含む一連の取引を行った際に証券会社に説明義務違反があったとはいえないとされた事例

◉**判決要旨**

　顧客が証券会社の販売する仕組債を運用対象金融資産とする信託契約を含む一連の取引を行った場合において、次の⑴〜⑶など判示の事情のもとでは、上記仕組債の仕組み全体が必ずしも単純なものではなく、上記取引の説明を受けた顧客の担当者が金融取引についての詳しい知識を有していなかったとしても、証券会社に説明義務違反があったということはできない。

⑴　証券会社は、顧客に対し、上記仕組債の基本的な仕組みに加え、上記取引には、上記仕組みにより最悪の場合には元本全部を毀損するリスクがあるほか、期日前に償還されるリスクもある旨を説明した。

⑵　顧客は、その発行株式を東京証券取引所市場第一部等に上場し、国際的な金融事業を行っており、上記取引について公認会計士および弁護士に対し意見を求めてもいた。

⑶　証券会社による上記取引の説明の一部が顧客において上記取引の関係者との間で折衝に入るなどした後に行われたものの、その時点において上記取引の実施を延期しまたは取りやめることが不可能または著しく困難であったという事情はうかがわれない。

1　判決の形成に至る経緯

（1）　大手消費者金融会社Ａ（更生会社、管財人Ｘ）は、証券会社Ｙ₂の提案により、社債の実質的ディフィーザンスを目的として、Ｙ₁により組成された仕組債を含む一連の取引を行うにあたり、Ｙ₁らに説明義務違反等があったと主張して、不法行為等に基づく損害賠償を求めた。

原判決（東京高判平26.8.27金法2007号70頁）は、Ｙ₁らの説明義務違反を認めた上、５割の過失相殺を行って約145億円の損害賠償を命じた。

（2）　本件事実のうち、契約の締結と解消に関する事実は、以下のとおり。①Ａは、平成14年６月、発行総額を300億円、利率を年４％、償還期限を平成34年６月とする無担保普通社債を発行していた。②Ａは、本件社債の実質的ディフィーザンスを目的として、平成19年５月２日、Ｂ信託銀行に対し306億円を信託し、Ｂ信託銀行において、運用対象資産を特別目的会社であるアイルランド法人（本件発行会社）が発行する本件仕組債とし、その運用益等を受益者であるＤ銀行に配当する旨の信託契約を締結し、同月24日、本件仕組債をＹ₁およびＹ₂を経由して購入した。③本件仕組債の仕組みは、本件発行会社が、Ｂ信託銀行から本件仕組債の代金300億円を受領して、これによりＳ債券（Ｓコーポレーションの発行するユーロ円債）を購入し、これを担保債券として、Ｙ₁との間でスワップ契約（Ｙ₁が本件発行会社に対して本件仕組債の元利金を支払い、本件発行会社がＹ₁に対してＳ債券の元利金を支払うもの）を締結すること、併せて、本件発行会社が、Ｙ₁との間で、本件インデックスCDS（クレジット・デフォルト・スワップ）取引（Ｙ₁が本件発行会社に対しインデックスCDSに係る保証料を支払い、他方、参照対象として定められた多数の企業等につき、倒産、不払等の事由が発生した場合には、本件発行会社がＹ₁に対し決済額を支払い、そのインデックスCDSについては６カ月ごとに反対売買によって手仕舞をして参照組織を更新するもの）を行うことである。本件スワップ契約には、本件担保債券の売却見積額からインデックスCDS等の手仕舞に要する一切の費用を控除した残額を用いて計算し、運用損益等の残高が未償還元本総額の10％以下となった場合には、Ｙ₁が本件スワップ契約を解除することができ、本件仕

組債において期日前償還事由が発生した場合には、本件発行会社がY₁に対し本件担保債券を引き渡し、Y₁が本件発行会社に対し清算金を支払うなどの内容が含まれていた。また、本件インデックスCDS取引には、本件仕組債の満期までの間に仮想資本元帳に記録された残高が本件社債の償還に必要な金額の総額以上となった場合は、本件発行会社は本件インデックスCDS取引を止め、満期に本件仕組債の保有者に対し未償還元本を全額償還し、反対に、上記のとおり、運用損益等の残高が未償還元本総額の10％以下となった場合には、Y₁が本件スワップ契約を解除し、本件発行会社は本件仕組債の保有者に対し清算金を期日前に償還することとされていた。④その後、急激な市況の悪化およびこれに伴う信用不安により本件仕組債に組み込まれたS債券およびインデックスCDSの各評価額の下落が生じ、本件仕組債の仮想資本元帳の残高が未償還元本総額の10％以下となった。そのため、Y₁は、平成20年2月29日、本件発行会社に対し、約定に基づき本件スワップ契約を解除する旨の意思表示をし、これを受けて、本件発行会社は、同年3月14日、B信託銀行に対し、本件仕組債の期日前償還金として3億892万3454円を支払い、本件取引は解消された。

(3) 本件事実のうち、契約の締結に至る過程は、以下のとおり。①Aは、平成18年11月頃、Y₂に対し、会計上本件社債を早期に償還したものと取り扱うとともに将来支払うべき利息の負担の軽減を図る取引について、具体的な枠組みを提案するよう要請した。②Y₂は、同年12月18日、Aの取締役兼執行役員兼財務部長Pらに対し、上記の枠組みとして、Y₁において本件仕組債を運用対象金融資産とする信託契約を含む一連の取引を提案するとともに、本件仕組債に組み込まれているインデックスCDSの仕組み等を説明した。③Y₂は、翌19年1月、Pらに対し、本件仕組債の基本的な仕組み等に加え、本件取引には、本件仕組債に組み込まれたインデックスCDSに係る参照組織の多数倒産、その信用力評価の低下によるインデックスCDSの評価額の急激な下落および本件担保債券の発行者の倒産といった元本を毀損するリスクがあり、最悪の場合には元本300億円全部が毀損され、期日前に償還されるリスクもある旨を説明した。④さ

らに、Y₂は、同年4月17日、Pらに対し、本件担保債券をS債券とすることを告知するとともに、本件仕組債の仮想資本元帳における具体的な記録内容、期日前償還となった場合の清算金額の計算方法等の契約条件が英文で書かれた書面を交付し、これらの事項を提示した。その上で、同月23日、Pらは、Y₂、B信託銀行およびD銀行の各担当者との間で、本件取引に係る会合を行った。

2 判決の形成

(1) 本判決は、Y₂が本件取引を行った際に説明義務違反があったといえず、Y₁にも説明義務違反があったとする余地はないから、Y₁らが不法行為に基づく損害賠償責任を負わず、また、Y₂は債務不履行に基づく損害賠償責任も負わないと判断した。

(2) 本判決の理由は、以下のとおり。①Y₂は、Pらに対し、S債券を本件担保債券として本件インデックスCDS取引を行うという本件仕組債の基本的な仕組みに加え、本件取引には、参照組織の信用力低下等による本件インデックスCDS取引における損失の発生、発行者の信用力低下等によるS債券の評価額の下落といった元本を毀損するリスクがあり、最悪の場合には拠出した元本300億円全部が毀損され、その他に期日前に償還されるリスクがある旨の説明をしたというべきである。②Aは、消費者金融業、企業に対する投資等を目的とする会社で、東京証券取引所市場第一部やロンドン証券取引所に上場し、国際的に金融事業を行い、本件取引について、公認会計士および弁護士に対しY₂から交付を受けた資料を示して意見を求めてもいたから、上記説明を理解することが困難であったということはできない。③上記各事項が提示された時点において、Aが本件取引に係る信託契約の受託者や履行引受契約の履行引受者との間で折衝に入り、かつ、事前調査の予定期間が経過していたからといって、本件取引の実施を延期しまたは取りやめることが不可能または著しく困難であったという事情はうかがわれない。④本件仕組債がY₂において販売経験が十分とはいえない新商品であり、Pらが金融取引についての詳しい知識を有し

ておらず、英文書面の訳文が交付されていないことは、Aにとって上記各事項を理解する支障になるとはいえない。

3　本判決の趣旨

⑴　本判決は、複雑でハイリスクの金融商品の取引について、説明義務を否定した。不法行為として説明義務違反を問う場合においては、原告側において説明義務違反の要件事実として、ⓐ説明すべき義務が存在すること、ⓑそれが懈怠されたことを主張し、その根拠事実として説明事項と説明方法を指摘し、これに対して、被告側においては、評価障害事実として、ⓒ対象商品に応じてさらに綿密な説明をすることが困難または不可能であること、ⓓ説明を受ける側に受け入れる能力等に欠けるところがないことなどをもって反論する。

⑵　本判決は、その理由において、前記2⑵①のとおり、本件仕組債の基本的な仕組みおよび損失の発生や元本を毀損するリスク、さらに最悪の場合の元本全部の毀損リスクを説明したことをもって、説明義務を尽くしたと判示した。ここでは、上記のⓐ説明義務の内容について明示しないが、ⓑそれが懈怠されたとはいえないことが説示されている。

⑶　本判決は、続いて、前記2⑵②、③、④の事情を摘示する。②は、評価障害事実ⓓに対して、説明を受ける側において本件説明を理解し得ない事情があることを否定した。③は、評価障害事実ⓒに対して、広義の説明すべき方法としての時期についての反論を封じた。④は、②と同旨の部分があるが、そのうち英文書の訳文が交付されていないことは、評価障害事実ⓒに対して、説明方法に不足はないこと、さらにいえば説明を受ける側にも自己責任があることを示したものであろう。「本件仕組債がY₂において販売経験が十分とはいえない新商品」であることを指摘する部分は、不可解であるが、評価障害事実ⓒに関して、違法性を裏付けるに足りないとしたものであろうか。

これらはいずれも原判決の理由付けに対する判断である。原判決は、①Aにおいて本件取引のリスク等について具体的かつ正確に検討することが

著しく困難であったこと、②Y₂による説明が本件取引の折衝や事前調査の経過後にされたこと、③本件仕組債がY₂において販売経験が十分とはいえない新商品であるにもかかわらず英文書面の訳文が交付されていないこと、などを指摘して説明義務違背を認めた。

(4)　なお、本判決の判決要旨には、疑問がある。説明義務の内容とその履行については、不法行為の核の部分であるから、特段の事情と位置付けるものではなく、判決要旨(1)の事情としてではなく本文に掲げるべきである。一方、特段の事情としては、評価障害事実を掲げるべきで、本文において顧客の担当者の知識について触れている部分（「上記取引の説明を受けた顧客の担当者が金融取引についての詳しい知識を有していなかったとしても」の部分）は、むしろ同(2)の事情の中に整理されるべきである。

4　判例としての意義と規範性

(1)　本判例は、複雑でハイリスクの金融商品の取引について、説明義務違反の有無について判断した事例判例である。その規範性は、今後のデリバティブ取引等を主導することになるであろう。

(2)　本判例が事例判例であり、説明義務の根拠が信義則であることから、その規範性は特殊事情に負い、その当てはめにおいては、具体的事情を子細に検討すべきである。もっとも、説明義務の内容について、「仕組み又は商品の基本的な事項とリスクの内容と程度」が中心に据えられ、説明の方法・程度については、積極的に明示しないものの、相当性として、顧客の知識、経験、財産の状況および取引の目的に照らして、当該顧客に理解されるために必要な方法および程度によることが当然の前提とされている（金融商品の販売等に関する法律3条2項、適合性原則に関して最一小判平17.7.14民集59巻6号1323頁・金法1762号41頁）。

(3)　金融商品について説明義務が問われた判例には、最一小判平25.3.7（金法1973号94頁）、最三小判平25.3.26（同号同頁）の2判例がある。パチンコ店を経営する会社または足場工事等の事業を営む会社による変動金利の上昇をヘッジするための金利スワップ取引についての判例である。いず

れも「取引の基本的な仕組み」や「変動金利が一定の利率を上回らなけれ
ば、融資における金利の支払よりも多額の金利を支払うリスクがある旨」
を説明したことを指摘した上、「基本的に説明義務を尽くしたものという
ことができる」と判示する。加えて、「本件各契約における固定金利の水
準が妥当な範囲にあるか否かというような事柄は、Xが自ら判断すべき性
質のものであり、YがXに対してこれを説明すべき義務があったものとは
いえない」とすることが注目される。

5　道具としての判例

（1）　金融商品の説明義務の事例と向き合うにあたっては、本判例によっ
て、契約締結の過程において説明された事項を検証した上、基本的な仕組
みと主要なリスクに関する説明の内容に不足があるときは、特段の事情が
あるかどうかについて検討を加え、説明された方法手段についても、仕組
みの基本的な部分やリスクの広狭程度に応じて、適切であるかどうか検討
することが必要である。

（2）　説明義務は、取引分野はもとより、組織運営など随所で要求され
る。その場合に、第1に当該状況を理解し、それに応じた説明内容を定め
る必要がある。取引では当該取引の内容のうち核となる部分を、組織運営
では目的に応じた開示事項を措定し、その上でリスクとして予想される事
項あるいは疑問として提示され得る事項を洗い出すことが求められる。

　次に、適切な説明方法を見極めるために、顧客の知識、経験、事業の状
況などの顧客の情報あるいは予想し得るステークホルダーの反応や行動な
どをあらかじめ収集し、それに応じた説明方法を工夫し、さらに説明の過
程で説明の内容も方法も修正していくことを心掛けるべきである。特に、
金融商品を販売する場合には、金融商品の内容の特殊性と相手側に不利と
なり得る事情、発生し得るリスクなどを説明するべきである。その場合
に、説明の方法も、例えば、例示や図面を用いるなど工夫すべきであり、
書面の交付も怠ってはならない。

　なお、金融庁「主要行等向けの総合的な監督指針」Ⅲ-3-3-1-2にも

記載されているとおり、社内規則を整備し、マニュアルへの落とし込みにも留意すべきであるが、これらの規定に安易に従うのではなく、また、時宜に応じた見直しを図るとともに、当該商品と顧客の知識等の関係を踏まえて柔軟に対応し得るように留保を置いておく必要がある。

(3)　説明義務の内容については、ある程度容易に判断し得るが、問題は、これらの説明を尽くしたとする証拠を残しておくことである。前記監督指針にも、顧客との応接の状況を書面に記録することが掲げられている。もっとも、録音等は営業の信頼関係を築き上げる支障となり得るから、例えば、説明事項を羅列して、それに応じて説明の有無を明らかにし、当事者間で共有するような工夫を講じておくことも一法である。

3　契約の締結―契約書の作成―

契約を締結する上において、契約書の作成が重要であることは言うまでもない。

判例は、契約の解釈において、契約書等に明文がある場合には、その文理に従うことを基本として、その文理が一義的で明確でないときは、他の定めの内容や規定振りとの関連等から意味を探求し、それでも意味が確定することができないときは、当事者の地位を考慮しながら、契約の目的、当事者の属する社会の状況やそこにおける慣行、交渉に至るまでの経緯、交渉の過程等の事情によることとしている。契約書の作成にあたっては、これらの事情を考慮しながら、目的に応じて、時機に応じてという柔らかな感覚をもって、当事者間の情報の格差や立場の違いや契約条項がやがて裁判規範となることを銘記して、対処することが求められる。

最二小判平19.6.11（金法1818号89頁）

●**判示事項**

　コンビニエンス・ストアのフランチャイズ契約に加盟店は運営者に対し加盟店経営に関する対価として売上高から売上商品原価を控除した金額に一定の率を乗じた額を支払う旨の条項がある場合において消費期限間近などの理由により廃棄された商品の原価等は売上高から控除されないとされた事例

●**判決要旨**

　コンビニエンス・ストアのフランチャイズ・チェーンを運営する甲とその加盟店の経営者である乙との間の加盟店基本契約の条項中に、乙は甲に対し加盟店経営に関する対価として「売上総利益（売上高から売上商品原価を差し引いたもの）」に一定の率を乗じた額を支払う旨の定めがある場合において、①「売上商品原価」という上記文言は、企業会計上一般にいわれている売上原価を意味するものと即断することはできないこと、②本件契約書の付属明細書には廃棄ロス原価（消費期限間近などの理由により廃棄された商品の原価合計額）および棚卸ロス原価（帳簿上の在庫商品の原価合計額と実在庫商品の原価合計額の差額であって、万引きや各店舗の従業員の商品等の入力ミスなどを原因として発生した金額）が営業費となることが定められ、甲の担当者は、上記契約が締結される前に、乙に対し、それらは営業費として加盟店経営者の負担であることを説明していたこと、③乙が上記契約締結前に甲から店舗の経営委託を受けていた期間中、当該店舗に備え付けられていた手引書の損益計算書についての項目には、「売上総利益」は売上高から「純売上原価」を差し引いたものであり、「純売上原価」は「総売上原価」から「仕入値引高」、「商品廃棄等」および「棚卸増減」を差し引いて計算されることが記載されていたことなど判示の事情の

もとでは、上記契約条項所定の「売上商品原価」は、実際に売り上げた商品の原価を意味し、廃棄ロス原価および棚卸ロス原価を含まないものと解されるから、これらは、乙が支払うべき加盟店経営に関する対価の上記算定に当たり、売上高から控除されない。

1 判決の形成に至る経緯

(1) Xは、コンビニエンス・ストアのフランチャイズ・チェーンの加盟店であり、Yは、その運営等をしている株式会社である。Xは、Yとの間で、フランチャイズ・チェーンの加盟店となる契約を締結し、Yに対し、チャージを支払ってきた。

Xは、Yに対して、契約上、チャージ金額の算定の基礎となる売上高から控除されるべき費目（廃棄ロス原価および棚卸ロス原価）の金額が控除されていなかったために、その部分が法律上の原因なく利得されたことになると主張して、その返還を請求した。

争点は、契約書に記載されたチャージ算定の基礎として規定する「売上総利益（売上高から売上商品原価を差し引いたもの。）」という文言のうち、「売上商品原価」の中に廃棄ロス原価および棚卸ロス原価が含まれるか否かである。

(2) 本件事実関係は、以下のとおりである。①XとYとの間で締結された加盟店基本契約には、チャージの算定方法について、各会計期間ごとに、売上総利益（売上高から売上商品原価を差し引いたもの）にチャージ率を乗じた額を支払うことが定められていた。②Yは、チャージの金額について、YからXに対し毎月送付される損益計算書に記載されている「売上総利益」にチャージ率を乗じて算定したが、損益計算書では、売上総利益を「売上」の合計金額から「純売上原価」を差し引いた金額とし、純売上原価を、月初商品棚卸高に当月商品仕入高を加算して月末商品棚卸高を控除した「総売上原価」から、「商品廃棄等（廃棄ロス原価）」「棚卸増減（万引き等による棚卸ロス原価）」および「仕入値引高」の各金額を控除した金

額としていた。これに従えば、チャージの基礎となる本件売上総利益には廃棄ロス原価および棚卸ロス原価が含まれることになる。③本件契約書に引用されている付属明細書には、Xが負担すべき営業費として、「不良・不適格品の原価相当額」「一定量の品べり（棚卸減）の原価相当額」との記載があり、また、Xが他の加盟希望者とともにYから受けた経営委託説明会において配付された資料には、「売上」から「原価」を差し引いたものが「総利益」である旨、廃棄ロス原価および棚卸ロス原価が給料とともに３大営業費である旨が記載され、さらに、加盟希望者が研修を受けた際に配付された資料には、「売上高」から「売上原価」を差し引いたものが「売上総利益」であり、これを加盟店とYで分配することとなり、加盟店の取り分である総収入から「営業費」を差し引いたものが「利益」である旨の記載がされていた。④契約希望者は、加盟店基本契約の締結に先立ち、Yと経営委託契約を締結して約３カ月間店舗運営を行ったが、各店舗に備え付けられた店舗経営のための手引書には、「売上総利益」は、売上高から「純売上原価」を差し引いたもので、「純売上原価」は、「総売上原価」から、「仕入値引高」「商品廃棄等」および「棚卸増減」を差し引いて計算されること等の記載があった。⑤Yの担当者は、Xに対し、契約締結に至る過程において、Yが運営するフランチャイズ・チェーンのシステムでは「荒利分配方式」が採用され、Yと加盟店との間で、売上高から売上原価を差し引いて算定した売上総利益（荒利）を分け合い、Yが売上総利益にチャージ率を乗じて得られるチャージを取得し、加盟店が売上総利益のその余の部分を総収入として取得し、その中から人件費を含む営業費を賄うこととされ、廃棄ロス原価および棚卸ロス原価は、人件費と合わせて３大営業費として、加盟店の全額負担となるとの説明をした。

（3）　原審（東京高判平17.2.24金判1250号33頁）は、XとYとの間で、チャージの算定を廃棄ロス原価および棚卸ロス原価を売上原価に含めないというY方式によるとの意思の合致があったものとは認められず、Xが徴収されたチャージのうち、廃棄ロス原価および棚卸ロス原価に相当する金額をチャージ算定の基礎とした部分は、法律上の原因がないから、Yは、

Xに対し、これを不当利得として返還すべきであるとした。その理由は、以下のとおり。①企業会計原則では、売上総利益は売上高から売上原価を控除したものをいい、本件契約においても、売上総利益は売上高から売上商品原価を差し引いたものとされているから、本件契約上の「売上商品原価」の文言は、企業会計原則にいう売上原価と同義と解するのが合理的である。②Y方式による会計処理は、企業会計上一般に採られている原価方式とは異なるから、契約の条項においてY方式によることが明記されていない以上、「売上商品原価」は、廃棄ロス原価および棚卸ロス原価を含む「売上原価」を意味する。③契約締結の経緯等に照らし、XがY方式による会計処理およびこれに基づくチャージの算定方法を理解していたとは認められない。

2　判決の形成

本判決は、次のとおり判断して、本件契約においてY方式が採られていたと判断した。

（1）　契約書の特定の条項の意味内容を解釈する場合、その条項中の文言の文理、他の条項との整合性、当該契約の締結に至る経緯等の事情を総合的に考慮して判断すべきである。

（2）　判決要旨①のとおり、「売上商品原価」が、企業会計上一般にいわれている売上原価を意味するものと即断することはできず、判決要旨②および③の事実によれば、本件契約に基づくチャージの算定方式がY方式によることと整合する。

3　本判決の趣旨

（1）　本判決は、フランチャイズ契約におけるチャージの支払の約定について判断をする。本件契約書におけるチャージの算定方法については、本件契約書中に「売上商品原価」の定義規定はなく、補足意見の指摘するとおり、明確性を欠き、疑義を入れる余地がある。「売上商品原価」という言葉は、企業会計上一般にいわれている売上原価と解することもできる

し、売り上げた商品の原価と解することもでき、「廃棄ロス原価」および「棚卸ロス原価」がこれに含まれるか否かが争われたのも肯ける。

(2)　本判決は、約定の解釈について、一般論として、「文言の文理、他の条項との整合性、当該契約の締結に至る経緯等の事情」を総合的に考慮して判断することを示したが、このことは格別目新しいものではなく、後述のとおり、従来の判例を踏襲したものと考えられる。その上で、本判決は、総合考慮すべき事情として、契約書に引用する付属明細書の記載、経営委託期間中のマニュアルの記載、契約締結段階における担当者の説明等を挙げて、整合性を指摘する。この判断にも異論はあるまい。

(3)　なお、補足意見は、廃棄ロスや棚卸ロスが、加盟店の利益ではないにもかかわらず、これらの費用までチャージを支払わなければならないことが契約書上明確ではなく、Xのような理解をする者があることも肯けるとした上、特殊事情として、①加盟店基本契約は、Yが一方的に定めたものであって、加盟店となるには、これを承諾するしかなく、②加盟店の多くは個人商店であり、Xと加盟店の間の企業会計に関する知識、経験に著しい較差があることを指摘する。この指摘部分は、事実認定されていないところであり、公知の事実としたのであろうか。チャージが、双方当事者にとって、極めて関心のあることを踏まえれば、現下の取引状況下で断定してよいものか疑問なしとしない。

4　判例としての意義と規範性

(1)　本判例は、契約の解釈が争点となった事例判例である。事例判例で、しかも、契約当事者の意思を探求していく作業であるから、規範性の判断にあたっては、一般説示部分に捉われずに、事情を子細に検討すべきである。

(2)　契約解釈についての先例として、代表的なものを示すこととする。

①　先駆的に一般法理を示したものに、最一小判昭51.7.19（裁判集民118号291頁）がある。ここでは、一般論として、「法律行為の解釈にあたつては、当事者の目的、当該法律行為をするに至つた事情、慣習及取引の

通念などを斟酌しながら合理的にその意味を明らかにすべきものである」と判示する。事案は、オートバイ等の製造販売業者と輸出入業者との間で、輸出に関し締結された協定において、取引期間を1年間とし、必要に応じて満了の3カ月前に当事者双方の協議によりこれを延長（更新）することができる旨の規定の解釈について争われたもので、他の協定条項との関係、輸出貿易の市場状況や当該輸出業者の販売能力などに照らして、協定の明文に従い、当該協定は更新されない限り1年の経過によって失効し、当事者の一方が上記協議を申し入れても相手方がこれに応ずる義務はないと判断した。

　②　次に、特約の有無について判断したものに、最一小判昭47.3.2（訟務月報18巻10号1507頁）がある。判旨事項を「契約条項と特約の存在」とし、判決要旨に「当事者にとつて重要な事項については、…契約書にこれが明記されていない場合には、特段の事情のない限り、特約は存在しなかつたものと認めるのが経験則である」と掲げる。事案は、国が契約当事者であることに特殊性があるが、XとYとの間で土地建物の売買契約が締結された場合に、その土地が裁判所の敷地として利用されるものとして売買代金が時価の半額に満たない額に決められたとして、敷地として利用される債務が履行されなかったことを理由に、契約の解除がされたものである。ここでは、契約書には売買の目的物、代金額はもとより、代金の支払および所有権移転登記義務の履行に関する定めなどが詳細に記載されている場合に、特段の事情もないのに、契約書外の事情に依拠して、契約書に記載のない特約の存在を認定することが否定された。

　③　第3に、契約の効力について争われたものに、最三小判平16.8.30（民集58巻6号1763頁・金法1727号78頁）がある。XとYらとの間でY社の営業の移転等から成る事業再編等に関して交わされた基本合意書の定めのうち、第三者との間で基本合意の目的と抵触し得る取引等に係る協議を行わないことなどを相互に約する条項について、本件協働事業化に関する最終的な合意の成立に向けての交渉を行うにあたり、交渉を第三者の介入を受けないで円滑かつ能率的に行い、最終的な合意を成立させるためのいわ

ば手段として定められたものであると解した。この決定は、仮処分の必要性がないと判断したもので、上記の判示部分は傍論であり、条項の効力について明示もしない。ここでは、条項の解釈について、他の条項との関係を主として行われている。

（3）　以上から、判例は、契約の解釈において、当事者の意思を探索するにあたり、契約書等に明文がある場合には、その文理に従うことを基本として、その文理が一義的で明確でないときは、他の定めの内容や規定振りとの関連等から意味を探求し、それでも意味が確定することができないときは、当事者の地位を考慮しながら、契約の目的、当事者の属する社会の状況や慣行、交渉に至るまでの経緯、交渉の過程等の事情によることとする。契約解釈において、補充的解釈とか修正的解釈などといわれるが、要するに、合理的意思を探索する作業（合理的意思解釈）をいう。

5　道具としての判例

（1）　契約の成否あるいは解釈をめぐって争いがある場合に、第1に争いのある条項の文言を核に据えて文理解釈を試み、次いで、同条項の周辺の条項の文言やそのあり方によって、さらに業界の慣行なども考慮して、その解釈を裏付ける作業をし、その上で、当事者の能力を下敷きにして、契約締結の段階における交渉の事情、締結後の行為などが斟酌されて総合判断される。

（2）　行為規範としては、契約書の作成にあたっては、上記事情を考慮しながら、法令の作成を参照することにも意義がある。法令を見ると、①趣旨・目的規定が置かれ、その扱う分野が明確にされ、②名宛人の属性等が強く意識され、③一般法と特別法の関係のように法体系の整合性が図られ、④用語や用例が一義的で共通化が保たれ、⑤精神規定や宣言規定を除いて、実効性が担保され、⑥ただし書や除外規定などによって立証責任が考慮され、⑦法律事項と政省令事項が分別されるなど法段階による工夫がされ、⑧附則において時間軸的配慮が示されている。法令を範として行為規範を探れば、目的に応じて、時機に応じてという柔らかな感覚をもって

対処すること、当事者間の情報の格差や立場の違いを意識しておくこと、そして契約条項がやがて裁判規範となることを銘記しておくことである。出口戦略こそ大事と謳われるが、時間などに制約のある段階では、あらゆる事態を想定して完璧を期するあまりかえって紛争を生むということも忘れてはならない。時には実施政令にゆだねるように、例示にとどめた上、下位文書に任せるなど「不完備」にしておくことがあってもよい。事情変更の原則や合理的意思解釈など常識にゆだねられる部分は果断に切り取るのも一法である。何よりも、争いの種は、過去の事例や同種文例を安易になぞる場合や目的を果たそうとする意識が過剰に強い場合に生まれていることを銘記すべきである（拙稿「INSIGHT」ビジネスロージャーナル2014年6月号13頁）。

4 要素の錯誤

　契約を締結するにあたり、当事者双方の意思内容に食い違いがあってはならない。そのためには、当事者双方において、契約の交渉の段階から互いに意思の疎通を図ることができるように周辺環境の整備に努めた上、双方の意図するところを必要な限りにおいて開示して、契約の内容に関して不安な要素や曖昧な部分を払拭することができるように試みることが求められる。

　グローバル金融犯罪等に対して厳しい目が注がれ、企業に対して社会的責任が強く求められる最近の状況のもとでは、企業にとっては、アンチマネー・ローンダリング等に関して国際的にもますます高くなる規範に対して、各国の個別のソフトローを含めて、常に目を向けておかなければならない。融資を受けようとする者が反社会的勢力であるか否かについて、調査する有効な方法は限られているが、それぞれの業界において、行政との関係を含め、情報の共有化を図り、自主的努力を続けるべきである。保証契約関係者においては、契約締結の準備段階から信義則に従った行動が求

められる。

最三小判平28.1.12（民集70巻1号1頁・金法2044号64頁）

●判示事項

1　信用保証協会と金融機関との間で保証契約が締結されて融資が実行された後に主債務者が反社会的勢力であることが判明した場合において、信用保証協会の保証契約の意思表示に要素の錯誤がないとされた事例

2　金融機関による融資の主債務者が反社会的勢力であったときにおける信用保証協会と金融機関との間の信用保証に関する基本契約に定められた保証債務の免責条項にいう「保証契約に違反したとき」に当たる場合

●判決要旨

1　信用保証協会と金融機関との間で保証契約が締結され融資が実行された後に主債務者が反社会的勢力であることが判明した場合において、上記保証契約の当事者がそれぞれの業務に照らし、上記の場合が生じ得ることを想定でき、その場合に信用保証協会が保証債務を履行しない旨をあらかじめ定めるなどの対応を取ることも可能であったにもかかわらず、上記当事者間の信用保証に関する基本契約および上記保証契約等にその場合の取扱いについての定めが置かれていないなど判示の事情のもとでは、主債務者が反社会的勢力でないことという信用保証協会の動機は、明示または黙示に表示されていたとしても、当事者の意思解釈上、上記保証契約の内容となっていたとは認められず、信用保証協会の上記保証契約の意思表示に要素の錯誤はない。

2　金融機関が、主債務者が反社会的勢力であるか否かについて相当

な調査をすべきであるという信用保証協会との間の信用保証に関する基本契約上の付随義務に違反して、その結果、反社会的勢力を主債務者とする融資について保証契約が締結された場合には、上記基本契約に定められた保証債務の免責条項にいう金融機関が「保証契約に違反したとき」に当たる。

1 判決の形成に至る経緯

(1) Xは金融機関であり、Yは信用保証協会である。Xは、Yとの間で保証契約を締結し、Yに対し、保証債務の履行を求めた。その経緯は、以下のとおり。

①XとYは、昭和41年8月、本件基本契約を締結した。本件基本契約には、Xが「保証契約に違反したとき」は、Yは保証債務の履行につき、その全部または一部の責めを免れる旨が定められていた。②Xは、C社から、平成20年から22年までの間、3回にわたり融資の申込みを受け、審査した結果、適当と認め、C社との間で金銭消費貸借契約を締結し、3000万円、2000万円および3000万円の貸付をした。③Xは、Yに対して信用保証を依頼し、C社とYは、保証委託契約を締結した。④Yは、Xとの間で、C社の債務を連帯して保証する旨の本件各保証契約を締結した。⑤C社は、平成23年3月、期限の利益を喪失したので、Xは、Yに対し、本件訴状により、保証債務の履行を請求した。⑥警視庁は、平成22年12月、国土交通省関東地方整備局等に対し、C社について、暴力団員であるDが代表取締役を務めて経営を支配している会社であるとして、公共工事の指名業者から排除するよう求めた。⑦政府は、平成19年6月、企業において暴力団等の反社会的勢力とは取引を含めた一切の関係を遮断することを基本原則とする「企業が反社会的勢力による被害を防止するための指針」を策定し、これを受けて、金融庁は、平成20年3月、「主要行等向けの総合的な監督指針」を一部改正し、また、同庁および中小企業庁は、同年6月、「信用保証協会向けの総合的な監督指針」を策定し、上記指針と同旨の金

融機関および信用保証協会に対する監督の指針を示した。

(2)　Yの主張は、以下のとおり。

①主債務者が反社会的勢力である場合には保証契約を締結しないにもかかわらず、Yは、そのことを知らずに同契約を締結したから、同契約は要素の錯誤により無効である。②上記の事情がある場合にはXが保証契約に違反したことになり、本件基本契約に定める免責事由に該当するから、Yは、債務の履行を免れる。

(3)　原審（東京高判平26.3.12金法1991号108頁）の判断は、以下のとおり。

①C社が当時から反社会的勢力であったからといって、Yの意思表示に要素の錯誤があったとはいえない。なぜならば、本件各保証契約が締結された当時、主債務者が反社会的勢力である可能性は当事者間で想定され、そのことが後に判明した場合もYにおいて保証債務を履行することが契約の内容となっていたから、仮にYの内心がこれと異なるものであったとしても、明示にも黙示にもXに対して表示されていなかった。②本件各貸付が反社会的勢力に対するものでないことが保証条件であったとは認められないから、Xが本件免責条項の「保証契約に違反したとき」には当たらない。

2　判決の形成

(1)　錯誤の主張について、判決要旨1のとおり。免責条項の適用について、同2のとおり。

(2)　判決要旨1の理由として、以下のとおり、説示する。①主債務者が反社会的勢力であることが判明した場合には、意思表示に動機の錯誤があり、その動機が相手方に表示されて法律行為の内容となり、もし錯誤がなかったならば表意者が意思表示をしなかったであろうと認められる場合には、要素に錯誤があり無効になる。②本件の事実関係によれば、XおよびYは、本件各保証契約の締結前にC社が反社会的勢力であることが判明していた場合には、保証契約が締結されることはなかったと考えられる。③しかし、保証契約において、主債務者が誰であるかは保証債務の一要素と

なるが、主債務者が反社会的勢力でないことはその主債務者に関する事情の1つで、同契約の内容となっているとはいえない。④そして、主債務者が反社会的勢力でないことについて誤認があったことが事後的に判明した場合に本件各保証契約の効力を否定することまでを当事者双方が前提としていたとはいえない。

(3) 判決要旨2の理由として、「X及びYは、本件基本契約上の付随義務として、個々の保証契約を締結して融資を実行するのに先立ち、相互に主債務者が反社会的勢力であるか否かについてその時点において一般的に行われている調査方法等に鑑みて相当と認められる調査をすべき義務を負う」として、その理由に、①信用保証協会が公共的機関であること、②金融機関および信用保証協会はともに反社会的勢力との関係を遮断する社会的責任を負い、その重要性を認識していたこと、③融資を受けようとする者が反社会的勢力であるか否かを調査する有効な方法は限られていることを挙げる。

3 本判決の趣旨

(1) 本判決は、判決要旨1について、「主債務者が反社会的勢力でないこと」を動機として捉えた上、「当事者の意思解釈上」、契約の内容になっていたとは認められないから、要素の錯誤がないとした。

本判決は、その理由付けとしていくつかを指摘する。前記2(2)①は、一般論として異論がない。もっとも、判決文中、①の部分とそれに続く「動機は、たとえそれが表示されても、当事者の意思解釈上、それが法律行為の内容とされたものと認められない限り、表意者の意思表示に要素の錯誤はない」という部分は、同旨を繰り返すように見えるが、同①について契約解釈と捉える趣旨を加え、あるいは従来の判例を踏襲することを確認したものであろうか。

次に、前記の同②、③、④と続く事例についての判断のうち、③の「主債務者が反社会的勢力でないことはその主債務者に関する事情の1つ」であるとする部分については、曖昧な記述ではあるが、一般論として、主債

務者の属性が契約の内容とならないことを示したものではないことを着目しておく必要がある。したがって、当事者の意思として契約の内容とすることも可能である。

「保証契約の内容」となっているかどうかについて、「当事者の意思解釈上」と説示する部分は、いわゆる「理由付け」であるのに、あえて判決要旨にも記述されているが、「意思解釈」であることを強調したものであろう。

そのほか、「債権者と保証人において、…両者間の保証契約について、主債務者が反社会的勢力でないということがその契約の前提又は内容になっているとして当然にその効力が否定されるべきものともいえない」と繰り返す部分は、おそらく当事者の主張に引きずられて加えられたものであろう。

なお、本件事実関係を見ると、「融資が実行された後に」「反社会的勢力であることが判明した場合」かどうか極めて微妙にうかがえるが、事実認定の問題であるから深入りしない。

(2) 本判決は、判決要旨2について、場合判例として提示し、「免責条項にいう「保証契約に違反したとき」に当たる場合」の要件として、①金融機関が反社性についての調査義務に違反したこと、②その結果、反社会的勢力と保証契約が締結されたことを摘示する。

第1に、金融機関が、主債務者が反社会的勢力であるか否かについて相当な調査をすべきであることを基本契約の付随義務であるとしたことが注目される。付随義務である根拠を明らかにしないが、「保証契約の内容にならないとしても」と付記するとおり、また、錯誤の判断において、「主債務者が反社会的勢力でないことは…同契約の内容となっているということはできない」とされているとおり、主債務者の属性が契約の内容でないことを前提として、動機に関わる義務と位置付けて付随義務としたのであろう。しかし、付随義務とはいえ契約上の義務であるはずであり、このことが十分に説示されているか疑問である。

第2に、調査義務の範囲について、判決要旨では「相当な調査をすべき

…義務」とし、判決文では「一般的に行われている調査方法等に鑑みて相当と認められる調査をすべき義務」としている。その内容程度は、一般通念に従うとしても、契約の付随義務としているからには、当該契約の内容によることになり、当事者の属性や当事者の置かれた具体的事情等を含む合理的意思解釈によるべきである。「Ｘは融資を、Ｙは信用保証を行うことをそれぞれ業とする法人である」ということから類型的な調査義務が想定されるが、個別の事情に負うことになる。

第3に、調査義務の違反と結果の発生については、判決文からは明らかではないが、相当因果関係を要する趣旨であろう。

第4に、免責の範囲について、「Ｙの調査状況等も勘案して定められる」と説示する点が注目される。この部分は、差戻しの裁判所に示唆をするもので、一般に、免責の範囲が義務違背の寄与に従うことを明らかにしたものである。

4　判例としての意義と規範性

(1)　本判例は、要素の錯誤に関して、事例判例として価値がある。

規範力が及ぶ範囲について、「融資が実行された後に」「反社会的勢力であることが判明した場合」に対する当てはめにおいては、その判明の時期と程度が問題とされ、例えば、融資前後から当該事情が相当程度の確信でうかがえたような場合には妥当しないであろう。また、主債務者が、マネー・ローンダリングをする者、犯罪前歴者、テロ資金を運用する者、さらには不正口座利用者や成りすまし者などの場合には、直接及ばないが、参考とされ得る。なお、中小企業の実態を有しない者に対する保証について、最一小判平28.12.19（金法2066号68頁）がある。

次に、「保証契約の内容」となっているかどうかについて、「当事者の意思解釈」として捉えていることにより、「法律行為の解釈にあたつては、当事者の目的、当該法律行為をするに至つた事情、慣習及取引の通念などを斟酌しながら合理的にその意味を明らかにすべきものである」と判示するとおり（最一小判昭51.7.19裁判集民118号291頁）、当事者の属性のほか、

これらの事情等によって合理的意思が探求されることになる。そもそも、当事者は、主債務者が反社会的勢力でないことを前提として契約を締結しているはずであるが、後日に判明のときの対応が黙示に合意されている場合であっても、契約の内容に含まれないとするのか合理的意思解釈の作業においては慎重を要する。なお、当事者の属性に関して、本判例は、本件当事者が「本件指針等により、…反社会的勢力との関係を遮断すべき社会的責任を負っており」とする部分は、現在においては、契約締結者のいずれにも妥当すると見てよいであろう。当事者が融資または信用保証を業とする法人であるという部分についても、同様である。

　(2)　なお、錯誤について、このたびの民法改正により、錯誤による意思表示を取り消し得ることとし、表示の錯誤（95条1項1号）とともに動機の錯誤（同項2号）を規定し、後者について、「その事情が法律行為の基礎とされていることが表示されていたとき」に限定した（同条2項）。本判例にいう「法律行為の内容」となっていることを要求する。

　(3)　次に、本判例は、保証免責条項の適用されるべき「場合判例」として、規範性がある。判示の「場合」に該当するかどうかは慎重に判断される必要がある。

　調査義務について、信義則上の義務ではなく、契約上の義務とした意義は大きい。契約上の義務であるからには、前記のとおり、当該契約の締結に係る諸事情が考慮される。

　なお、免責条項に該当する事実については、保証人側の抗弁として、付随義務違反の事実を指摘し、立証を要するが、融資側においては、評価障害事実として、例えば調査を尽くした経緯と内容を提出して反論立証することになる。

5　道具としての判例

　(1)　本判例の規範性の検討にあたって、主債務者のあり様に係る保証契約事案において、裁判所は、契約の付随義務を含め「当事者の意思解釈」の問題として、契約当事者の能力、知見等の属性、業界の契約締結の慣行

等の事情をきめ細かく認定判断することが必要である。特に、付随義務について、たとえ付随するものとはいえ、当事者の合意として熟しているべきであるから、安易に類型的に認定することは控えるべきである。

　当事者も、免責条項を含む契約の内容について、反社会的勢力等の主債務者の属性、これを容認できないとする社会の認知の程度、調査義務の内容程度はもとより、債務の目的などに関する間接事実を提示し、免責の範囲に関しても、契約締結の段階から調査義務がどの程度尽くされたか具体的に主張立証する必要がある。

　(2)　調査義務について、信義則上の義務ではなく付随義務として契約内に組み入れられたが、今後ともいろいろな場面で付随義務が広げられる可能性がある。それだけに、保証契約関係者においては、行動規準として契約締結の準備段階から信義則に従った行動が求められる。

　(3)　グローバル金融犯罪等に対して厳しい目が注がれ、企業に対して社会的責任が強く求められる最近の状況のもとでは、企業にとっては、アンチマネー・ローンダリング等に関して国際的にもますます要求の高くなる規範に対して、各国の個別のソフトローを含めて、常に目を向けておかなければならない。融資を受けようとする者が反社会的勢力等であるか否かについて、本判例も指摘するとおり、調査する有効な方法は限られている。それぞれの業界において、行政との関係を含め、情報の共有化を図り、自主的努力を続けるべきである。

第4 定　　款

　定款は、株式会社の組織と活動に関する根本規範である。定款には、必ず記載しなければならない事項と記載しなければその効力が生じない事項があるが、そのほかの事項でも会社法の規定に反しない限り記載することができる。

　定款自治の範囲については、根本的な考えの相違がある。会社に対しても私的自治を尊重して会社法自体を任意法規と捉える考えから、会社が人為的存在であることやステークホルダー、特に債権者の立場を考慮して強行法規性を重視する考えまであり、さらに、会社の実情に応じて規律を定め得るとする中間的立場もある。定款自治といえども、株主の多数を代弁するもので、これを無制限に認めれば、会社の利益を損なうことにもなりかねないから、むしろ会社法（本件では、362条2項）を強行法規と見るのが原則といえよう。

最三小決平29.2.21（民集71巻2号195頁・金法2068号62頁）

●判示事項
　取締役会設置会社である非公開会社における、取締役会の決議によるほか株主総会の決議によっても代表取締役を定めることができる旨の定款の定めの効力（有効）

●決定要旨
　取締役会設置会社である非公開会社における、取締役会の決議によるほか株主総会の決議によっても代表取締役を定めることができる旨

の定款の定めは有効である。

1　決定の形成に至る経緯

（1）　本件事案は、取締役兼代表取締役の職務執行停止および職務代行者選任の仮処分命令の申立てに係るものである。

申立人Xは、Y₁社の代表取締役であった者で、Y₁社は、非公開会社で取締役会設置会社、Y₂は、Y₁社の株主総会の決議によって取締役・代表取締役に選任された者である。Y₁社の定款には、「代表取締役は取締役会の決議によって定めるものとするが、必要に応じ株主総会の決議によって定めることができる」旨の定めがある。

そこで、Xは、Y₁社およびY₂に対して、上記の決議が法令に違反して無効であるなどと主張して、仮処分命令の申立てをした。原審までに、決議の無効事由として、過去に数回行われた定款変更をめぐって、その有効性などが争われたほか、本件株主総会の時点において有効な定款には上記の定めがないことが主張された。

原決定（東京高決平28.3.10金判1514号12頁）は、上記定款の定めについて、「代表取締役の選任・解任権限を株主総会に認めたからといって、取締役会の監督権能が失われるわけではない」との理由で、申立てを却下した。

（2）　本件は、許可抗告で、そのために「法令の解釈に関する重要な事項」（民訴法337条2項）として、取締役会設置会社において代表取締役の選定権限を株主総会に留保する旨の定款の定めの有効性について主張された。本件抗告理由は、原審で追加主張されたものである。

2　決定の形成

本決定は、許可申立てに応じて、判断事項を判示事項のとおり限定して、決定要旨に記載のとおり、取締役会設置会社である非公開会社における代表取締役の選定について、取締役会の決議によるほか株主総会の決議

によってもできるとする定款の定めが有効であるとの判断をした。その理由として、会社法295条2項の規定を示した上、形式的理由として、①会社法には同項に規定する定款で定める事項の内容を制限する規定がないことを掲げ、実質的理由として、②取締役会の決議によるほか株主総会の決議によっても代表取締役を定めることができるとしても、代表取締役の選定および解職に関する取締役会の権限が否定されないこと、③取締役会の監督権限の実効性を失わせるものでないことを掲げる。

　もっとも、本決定は、定款において、代表取締役の選定について、取締役会の決議によることを原則とした上、株主総会を「必要に応じて」と例外とすると定められていることについては、格別説論しない。そのほか、定款の定めにおいて、解職の権限は取締役会に残されているのかどうか、その場合の株主総会と取締役会の権限のあり方についても触れない。

3　本決定の趣旨

　(1)　本決定は、理論判例として提示された。過去に、定款に基づき株主総会の決議により代表取締役を選定することができることが争われた事例はないから、判例が形成されたものである。閉鎖会社における役員の選任をめぐる争いでは、様々な主張が出されることがあるが、本件においても、株主総会の決議無効の事由として、いくつかのことが主張された。判例部分に係る主張はその1つである。かつては、会社判例は、その多くが小規模会社の権限争いから作られたといわれるが、本件もその1つということができる。したがって、争点はすぐれて法律問題ではあるが、判例を作る事例としてふさわしいかどうかは別問題である。もっとも新しく提起された争点であるから、それに応えざるを得ないことは間違いない。

　(2)　本決定の趣旨を探るために、理由付けについて検討する。

　まず、本決定の形式的理由は、成り立つのであろうか。法律の規定の文理を見ると、株主総会が決議することができる事項について、取締役会設置会社にあっては、法に規定する事項のほか、定款で定めた事項に限り決議をすることができると定められ（会社法295条2項）、ここにいう「定款

で定めた事項」について、これを直接に制限する規定はない。この限りにおいて、形式的理由が述べるとおりである。この規定のみから読み解くと、株主総会の権限について、定款で自由に定め得ることになる。他方、同法362条2項の規定から見ると、別の解釈に達することになる。定款事項については、同法29条において明記され、その規定のとおり、「定款の定めがなければ効力を生じない事項」と「この法律の規定に違反しない事項」に限定されている。「定款の定めがなければ効力を生じない事項」として、別段の定めを明記して原則的規律に対する他の措置を許容し（例えば、同法107条2項）、「この法律の規定に違反しない事項」として、会社法が禁止等を規定する事項（例えば、同法331条2項）を除いて、任意の事項（例えば、株主総会の招集の時期、取締役の員数等）について規定することを認める。この規定からすると、別段の措置を許す規定がない限り、定款で定めることは許されないとも解され、この理によれば、代表取締役の選定および解職に関する取締役会の権限については、別段の措置を許す規定がないから（同法362条2項3号）、定款で定めることは許されないとも解される。現に、同条に定める業務執行の決定権限をすべて株主総会の決議事項とすることには異論があるところである。また、取締役会非設置会社においては、有限会社法に由来して、定款または定款の定めに基づく取締役の互選によるほか、株主総会の決議によって代表取締役を定めることができるとされるが（同法349条3項）、通常の法規制のあり方からすると、取締役会設置会社にあっては、代表取締役の選定について、定款または株主総会の決議によることはできないと反対解釈されないでもない。

　会社法295条2項について、定款事項の定めに制限する規定がないことを根拠とするのは、単に立案担当者がその旨述べるにとどまり、これを立法意思と断定するのは躊躇される。立案担当者が、一切の事項につき株主総会の権限となり、したがって取締役会設置会社において定款で株主総会の決議事項とすることに制限はないとしつつ、他方、会社法の規定が強行法規であると位置付けるのはいかがであろうか。結局、形式的理由は、決定的な根拠とすることはできない。したがって、本件定款の有効性は、定

款自治の範囲、取締役会の機能等の実質的理由に移行せざるを得ないのである。

(3) ところが、実質的理由は、さらに明瞭を欠く。まず、実質的理由の前提として、会社法が「取締役会をもって代表取締役の職務執行を監督する機関と位置付けている」と解されることを掲げるが、これは会社法362条2項の趣旨を説明するものであろう。この趣旨は、取締役会を有するいずれの形態の株式会社にも通有する。続いて、前記2②のとおり、代表取締役の選定について、株主総会の決議にゆだねるとしても、その選定のみならず解職についても、取締役会の権限を否定するものではないと説くが、どのような意味であろう。代表取締役の選定について、本件定款の定めの本文によって取締役会の権限が残されているという趣旨か、ただし書によって株主総会の決議による場合にも取締役会にはなお監督権限が残されているという趣旨か不明である。さらに、選定が株主総会にゆだねられても、解職については取締役会に留保されているという趣旨も含むのであろうか。

実質的理由の前記2③において、取締役会の監督権限の実効性が失われないという趣旨は、上記のほかに特別の意義があるのであろうか。あるいは上記と同様に、選解任について取締役会にも権限があるというのか、あるいは株主総会にゆだねても、そのほかの監督権限は取締役会に残されているという趣旨か明らかではない。

代表取締役の選解任は、監督権限の基底にあるものであり、その権限を取締役会が担うべきであることは明らかである。それを奪って株主総会の権限にゆだねる場合にも、取締役会には解職を議題とする株主総会の招集を求めるなどの方法で監督権限が残ると説明されることがあるが、監督責任のあり様などが錯綜しかねない。立案担当者は、定款で代表取締役の選解任権限を取締役会から剥奪することは、会社法362条2項3号に違反するために無効であるというが、上記の考えと矛盾しないのであろうか。

(4) 代表取締役の選定解職について、「定款で定める事項の内容を制限する明文の規定がない」とする趣旨をいかに解するかは、前記のとおり、

機関のあり方および定款自治に関して1個の問題である。

　株主総会の権限について、会社法295条2項の規定から明らかなとおり、取締役会非設置会社のほうが取締役会設置会社よりも広く設定されているが、その趣旨は、取締役会設置会社にあっては取締役会に業務の管理運営をゆだね、取締役会非設置会社にあっては株主による直接の業務への関与を認めるものとして理解できる。そして、定款による株主総会の決議事項の拡張について、会社法が、特段の制約が設けなかったと説くのも、取締役会設置会社にも、従前の有限会社に近いものもあり得るから、各会社の実情に応じて決めればよいということであろう。また、株主総会が取締役会の上位機関であることを根拠に、代表取締役の選定を定款で定めることができるとして、この場合には代表取締役の解職も株主総会において行われ、取締役会の選解任権は認められないとする考えも示されている。しかし、かつては代表取締役の選解任権を株主総会に留保することについては、取締役会の監督機能を形骸化することから疑問が呈されていたことも想起しておいてよいであろう。

　定款自治の範囲については、根本的な考えの相違がある。会社に対しても私的自治を尊重して会社法自体を任意法規と捉える考えから、会社が人為的存在であることやステークホルダー、特に債権者の立場を考慮して強行法規性を重視する考えまであり、さらに、会社の実情に応じて規律も定め得るとする中間的立場もある。その規律のあり様について、単純にいえば、内部関係においては任意であり、外部関係では強行法規性を認めるといえようが、各機関相互の関係、各機関と株主等との関係のいずれをとっても、外部とのつながりがあるので、純粋に内部のものという分野はない。取締役に対する規制についても、同様で、会社の内部関係であるとはいえ、直ちに債権者等の利益にも影響を与える。また、定款自治といえども、株主の多数を代弁するもので、これを無制限に認めれば、会社の利益を損なうことにもなりかねない。以上によれば、むしろ会社法（本件では、362条2項）を強行法規と見るのが原則といえよう。

　判例の意義を超える作業になるので、これ以上は触れない。

4　判例としての意義と規範性

　(1)　代表取締役の選定について、定款に基づき株主総会の決議によってできるとしたことが過去に争われた先例はない。本件判例は、理論判例として提示されているが、理論判例であっても、その規範性は限定が付された限度にとどまる。本件判例においては、①代表取締役の選定について、②取締役会設置会社である非公開会社において、③定款において、取締役会の決議によるほか株主総会の決議によってもすることができると定めることについて、有効とした限りのものである。したがって、判例の規範性は、取締役会設置会社であっても公開会社については及ばないことはもとより（上記②）、定款の定めによる代表取締役の選定に限り（同①）、取締役会の決議による代表取締役の選解任権を奪うことについても及ばない（同③）。もっとも、選定が株主総会にゆだねられた場合の代表取締役の解職については、判例解釈によって株主総会にゆだねられることになるのであろう。

　なお、本判例は、前記のとおり、定款において、取締役会の決議によることを原則とし、株主総会を「必要に応じて」と例外として定められていることについては、特に触れることがないので、厳密にいえば、本件事例を超えて規範性を示したともみられる。今後の具体的事例において定款の規定の当てはめにおいて、「必要に応じて」の要件を満たしているかどうかが争い得るかどうかは微妙である。

　(2)　本判例は、特定の局面においてではあるが、定款の定めの有効性について判断するものである。その理由において、会社法295条2項の規定に限定したものではあるものの、「定款で定める事項の内容を制限する明文の規定はない」と述べるが、この説示については、より丁寧な検討が必要である。定款自治に係る基本的立場を示唆したものともいえるからである。

　定款自治の範囲について、もとより本判例に規範性はないが、定款による株主総会の決議事項の拡張がいかなる事項にも及ぶかということに関して、今後の事例において理由中の説示の広がりに注目しなければならな

い。定款自治の範囲についての解釈リスクを利用者に負わせるのは酷であるといわれるが、このような場合にこそ、裁判所は、指針的立場を示唆してもよいはずである。

（3）　理論判例が本件のように極めて限定された場面で提示されるのは、裁判所の役割からすると、やむを得ないといえる。司法は個別具体例について、当事者の主張と限られたリソースによる制約のもとで判断を下すものであり、法律の策定作業のように、専門家集団により営まれ、しかも広くパブリックコメントを求め、もってあらゆる事態を想定して作成されるものではないから、規範を定立することは慎重を要するともいえる。それだけに、留保なく理論判例を示すのは注意しなければならない。例えば、文書提出命令については、提出を命じられた所持者および申立てを却下された申立人以外の者は抗告の利益がないとする理論判例（最一小決平12.12.14民集54巻9号2743頁・金法1605号36頁）があるが、具体的場面で不都合が生じていることが指摘されている。一方、限定された分野で規範を打ち立てる場合であっても、判例価値の趣旨を玩味して、その理由付けまで厳しく検討しておくべきであろう。

5　道具としての判例

（1）　本判例は、局限された場面における判例であるから、判例価値部分を道具として利用する場合も限られる。もっとも、前記のとおり、定款自治をめぐって争われる事案で本判例の理由中の判断が利用される余地はある。

（2）　本判例は理論判例として示されたが、一般的にいえば、理論判例といえども、破り得る余地はある。理論判例においても、「特段の事情のない限り」という留保が残されている場合があるが、留保がない場合であっても、特段の事情を示して、あるいは、一般条項により、果敢に判例の穴あけを試みてもよいであろう。

（3）　定款に何を記載するかは、会社のあり様を決めることになり、さらには株主の利益にも関わることであるから慎重に検討する必要がある。会

社法に定めのない事項、例えば、株主、株主総会、役員の構成等に関する事項については、自由にゆだねられているとはいえ、会社法の趣旨をよく見極め、ステークホルダーの利害状況に等しく目配りすることが求められる。その変更には定款変更手続によらなければならないこともあらかじめ考慮しておくことも必要である。

第5 内部統制システムの構築

　内部統制システムは、会社の根底に係る重要なものであり、会社のガバナンスの基幹といってよい。その構築が会社法により義務付けられていることはもとより、金融商品取引法により有価証券報告書にも記載を要求され、内部統制報告書の提出が義務付けられている。グループ会社についても、平成26年改正会社法で明記された。会社の基盤を健全にするためには、事業の規模や特性等に応じた最適の内部統制システムを整備する必要がある。各取締役は、その決定をゆだねられた取締役会の構成員として、これを構築するべき義務を負い、併せてその義務が適切に履行されているかどうかを監視する義務を負う。

　内部統制システムの構築については、株主代表訴訟において取締役の善管注意義務違背が問われる場合、代表取締役が任務懈怠により損害賠償請求をされる場合に、さらには、虚偽の有価証券報告書の公表を侵害行為として、その侵害行為の過失として不祥事を防止すべき義務が問われる場合などがあり得る。会社の規模、事業の内容等に応じ、時代の知見に従って構築すること、時代の趨勢に応じ、会社の事業の変革に応じて、さらには不祥事の出来などがあればその内容と原因に応じて、常に見直しが要請されることに留意しなければならない。

最一小判平21.7.9（金法1887号111頁）

●判示事項

　株式会社の従業員らが営業成績を上げる目的で架空の売上げを計上

したため有価証券報告書に不実の記載がされ、株主が損害を被ったことにつき、会社の代表者に従業員らによる架空売上げの計上を防止するためのリスク管理体制構築義務違反の過失がないとされた事例

◉判決要旨

　株式会社の従業員らが営業成績を上げる目的で架空の売上げを計上したため有価証券報告書に不実の記載がされ、その後同事実が公表されて当該会社の株価が下落し、公表前に株式を取得した株主が損害を被ったことにつき、次の(1)～(3)などの判示の事情のもとでは、当該会社の代表者に、従業員らによる架空売上げの計上を防止するためのリスク管理体制を構築すべき義務に違反した過失があるとはいえない。

　(1)当該会社は、営業部の所属する事業部門と財務部門を分離し、売上げについては、事業部内の営業部とは別の部署における注文書、検収書の確認等を経て財務部に報告される体制を整えるとともに、監査法人および当該会社の財務部がそれぞれ定期的に取引先から売掛金残高確認書の返送を受ける方法で売掛金残高を確認することとするなど、通常想定される架空売上げの計上等の不正行為を防止し得る程度の管理体制は整えていた。(2)上記架空売上げの計上に係る不正行為は、事業部の部長が部下である営業担当者数名と共謀して、取引先の偽造印を用いて注文書等を偽造し、これらを確認する担当者を欺いて財務部に架空の売上報告をさせた上、上記営業担当者らが言葉巧みに取引先の担当者を欺いて、監査法人等が取引先宛てに郵送した売掛金残高確認書の用紙を未開封のまま回収し、これを偽造して監査法人等に送付するという、通常容易に想定し難い方法によるものであった。(3)財務部が売掛金債権の回収遅延につき上記事業部の部長らから受けていた説明は合理的なもので、監査法人も当該会社の財務諸表につき適正意見を表明していた。

1　判決の形成に至る経緯

　（1）　本件の事案の概要は、以下のとおり。①Ｘは、Ｙ社の株主である。Ｙ社は、ソフトウェアの開発、販売等を業とする株式会社で、東京証券取引所第２部に上場する。②Ｘは、Ｙ社に対して、有価証券報告書に不実の記載がされ、その旨公表されてＹ社の株価が下落したことについて、会社法350条に基づき、損害賠償を求めた。その理由として、Ｙ社の従業員らが営業成績を上げる目的で架空の売上げを計上したことについて、代表取締役Ａに不正行為を防止するためのリスク管理体制を構築すべき義務に違反した過失があるなどと主張した。

　（2）　本件事実関係のうち、Ｙ社の事業の流れについては、以下のとおり。①Ｙ社の事業には大学向けの事務ソフト等の製品を開発し販売するパッケージ事業があり、パッケージ事業本部にはＣ事業部が設置され、Ｃ事業部には、営業部のほかに注文書や検収書の確認を担当するBM課および事務ソフトの稼働の確認を担当するCR部が設置されていた。また、財務部は、資金の調達、運用、管理および債権債務の管理等を担当する。②事務手続の流れは、Ｃ事業部の営業担当者が、販売会社から注文書を受けた後BM課に送付し、同課は、営業担当者を通じて販売会社に検収を依頼する。CR部の担当者は、販売会社の担当者とともに納品された製品の検収を行う。BM課は、販売会社から検収書を受領した後、財務部に売上報告する。財務部は、BM課から受領した注文書、検収書等を確認した上、売上げとして計上するとともに、中間期末時点で、売掛金残高確認書の用紙を販売会社に郵送し、確認の上返送するように求める。

　Ｂらによる不正行為については、以下のとおり。①Ｃ事業部長兼営業部長Ｂは、Ｃ事業部の営業社員らに対し、注文が獲得できる可能性の高い取引案件について、注文書を偽造するなどして実際に注文があったかのように装い、売上げとして架空計上する扱いをするよう指示した。②Ｂの指示により、営業社員らは、偽造印を用いて販売会社名義の注文書を偽造し、BM課に送付し、同課は、偽造に気付かず受注処理を行って検収依頼書を作成し、営業社員らに交付した。営業社員らは、販売会社に検収依頼書を

交付することなく検収書を偽造してBM課に返送した。BM課は、偽造に気付かず売上処理を行い、財務部に売上げの報告をし、財務部は、偽造された注文書および検収書に基づき売上げを計上した。財務部および監査法人からの売掛金残高確認書による確認については、営業社員らは、販売会社の担当者に対し、封書が郵送された場合には送付ミスであるから引き取りにいくまで開封しないでほしいなどと伝えて、販売会社から回収した上、用紙に金額等を記入し、販売会社の偽造印を押捺するなどして販売会社が売掛金の残高を確認したかのように偽装し、財務部または監査法人に送付していた。

　不正行為の発覚が遅れた事情については、以下のとおり。①財務部は、回収予定日を過ぎた債権につき、C事業部から売掛金滞留残高報告書を提出させていたが、Bらから、回収遅延の理由として、大学におけるシステム全体の稼働の延期、予算獲得の失敗その他単年度予算主義による支払の期末集中などを指摘され、これらの理由が合理的であると考え、また、販売会社との間で過去に紛争が生じたことがなく、売掛金残高確認書も受領していると認識していたことから、特に疑念を抱かず、直接販売会社に照会等をすることはしなかった。②監査法人も、平成16年3月期までのY社の財務諸表等につき適正であるとの意見を表明していた。

　(3)　原審（東京高判平20.6.19金判1321号42頁）は、次のとおり判断した。

　Aには、適切なリスク管理体制を構築すべき義務を怠った過失があり、Y社は、損害を賠償すべき責任を負う。なぜならば、Y社の組織体制および本件事務手続には、C事業部が幅広い業務を分掌し、BM課およびCR部が同事業部に直属しているなど、容易に不正行為を行い得るリスクが内在していたにもかかわらず、リスクが現実化する可能性を予見せず、組織体制や本件事務手続を改変するなどの対策を講じなかった上、財務部においては、長期間未回収となっている売掛金債権について、販売会社に直接売掛金債権の存在や遅延理由を確認すべきであったのに怠り、本件不正行為の発覚の遅れを招いた。

2 判決の形成

　Aには、本件不正行為を防止するためのリスク管理体制を構築すべき義務に違反した過失はない。その理由は、①Y社は、判決要旨(1)の事情のとおり、通常想定される架空売上げの計上等の不正行為を防止し得る程度の管理体制を整えていたこと、②本件不正行為は、判決要旨(2)の事情のとおり、通常容易に想定し難い方法によるものであったこと、③以前に同様の手法による不正行為が行われたなどAにおいて本件不正行為の発生を予見すべき特別な事情も見当たらないこと、④判決要旨(3)の事情のとおり、売掛金債権の回収遅延につきBらが挙げていた理由は合理的で、販売会社との間で過去に紛争が生じたことがなく、監査法人も財務諸表につき適正であるとの意見を表明していたこと、⑤財務部が、Bらによる巧妙な偽装工作の結果、販売会社から適正な売掛金残高確認書を受領しているものと認識し、直接販売会社に売掛金債権の存在等を確認しなかったとしても、財務部におけるリスク管理体制が機能していなかったとはいえないこと、を挙げる。

3 本判決の趣旨

　(1)　本判決は、会社法350条（旧商法261条3項において準用する78条2項において準用する旧民法44条1項）に基づく会社に対する請求である。本件における代表取締役による不法行為は、侵害行為を虚偽の有価証券報告書の公表とし、損害の発生を株価の低迷による減価とする。侵害行為の過失として不祥事を防止すべき義務を捉え、さらにその義務の履行行為あるいは間接事実としてリスク管理体制の構築義務を捉える。

　第1審判決（東京地判平19.11.26判時1998号141頁）は、Xの主張として、「Aが当該不正行為を防止することができず、その結果、有価証券報告書に虚偽の記載がなされたことが不法行為に当たる」と要約して、その主張に対して、「Aには各部門の適切なリスク管理体制を構築し、機能させる義務を怠った過失」があることを認定し、原審判決も、ほぼ同様の位置付けをしているが、いずれも上記の趣旨であろう。本判決においても、

その記載に厳格さを欠くものの、判旨事項および判決要旨に掲げるとおり、「有価証券報告書に不実の記載がされ…たことにつき」、会社の代表者の過失の内容として「従業員らによる架空売上げの計上を防止するためのリスク管理体制を構築すべき義務に違反した」ことが指摘されているのは、同じ趣旨を表すものであろう。

　(2)　上記の義務に違反したことを認め得る事情として、判決要旨においては３事情を掲げるが、判決文においては、前記のとおり、ほかに２事情を加える。本判決における評価根拠事実と評価障害事実との位置付けは必ずしも明瞭とはいえないが、判決要旨に掲げる事情のうち、(1)（前記２①）通常想定される架空売上げの計上等の不正行為を防止し得る程度のリスク管理体制は整えていたこと、(2)（前記２②）不正行為が通常容易に想定し難い方法によるものであったことの２事情については、過失の評価根拠事実を否定する事実として理解されるが、残りの１事情の(3)（前記２④）Ｂらが挙げていた理由は合理的で監査法人も財務諸表につき適正であると評価しているとの事実については、その位置付けが不明であり、いわゆる信頼の抗弁のような評価障害事実として意味を持たせるとすれば、いささか疑問である。また、前記２⑤の事情も不明であるが、おそらく同②の間接事実であるので、判決要旨から除かれたのであろう。他方、同③不正行為の発生を予見すべき特別の事情も見当たらないことは、評価障害事実として重要なものであり、判決要旨において摘示すべきであった。要するに、リスク管理体制の構築義務については、不祥事防止に対して通常要求される体制の構築と不祥事が予測し難いものであったことを前提にして、その他の特段の事情も見当たらない場合には違反はないとしたものといえる。

　(3)　内部統制システムについては、会社法において大会社、指名委員会等設置会社および監査等委員会設置会社に整備を義務付け（同法348条４項、362条５項、399条の13第２項、416条２項）、事業報告および監査報告を作成しなければならない（同法施行規則118条、なお129条１項５号）。さらに金融商品取引法24条の４の４第１項においても提出を義務付けられてい

る。

　内部統制システムの構築については、取締役会設置会社にあっては取締役会が重要な業務執行の決定として（会社法362条4項）、代表取締役がそれを実践する者として義務を担うことを踏まえて、本件では、前記のとおり、代表取締役の不法行為について会社に対して請求するものである。株主代表訴訟において取締役の善管注意義務違背を問う場合に取締役の内部統制システム構築義務が直接にその内容となることと異なる。また、代表取締役が、同法429条の規定に基づき任務懈怠により損害賠償請求がされる場合もあり得る。

4　判例としての意義と規範性

　(1)　本判例は、虚偽の有価証券報告書の公表を侵害行為として、その侵害行為の過失として不祥事を防止すべき義務、さらにその義務の一部あるいは間接事実として内部統制システムの構築義務を捉え、その過失の存在しないことを示した事例判例として価値がある。また、内部統制システムの構築あるいはその運用について触れた初めての判例である。なお、会社法350条に基づく請求を株主にも容認しているのは、本件事例の特殊性に負うものか見極める必要がある。

　(2)　本判例は、事例判例として、その規範性が当該事案における事情に制約されるので、判例拘束性の検討にあたっては、特に判決要旨に摘示された事情を踏まえて、検討される必要がある。虚偽の有価証券報告書の公表における過失の内容としての不祥事を防止すべき義務、さらにその義務の一部あるいは間接事実としてリスク管理体制の構築義務について、検討すべき過失の評価根拠事実としては、当該不祥事の内容、リスク管理体制のあり様、その運用としての報告と対応の状況などがあり、さらにその間接事実として、当該会社の規模、従業員に対する指導のあり様、過去の不祥事の発生状況、内部統制システムの構築の動機とその過程などがある。一方、評価障害事実として、不正行為の発生を予見すべき特別の事情も見当たらないかどうかなど子細に検討を重ねるべきである。特に不祥事の予

見可能性がないことについては、安易に認めるべきではなく、リスク管理体制のあり様との関係を厳密に検証する必要がある。さもなくば、内部統制システムの意義を否定することになりかねない。

(3) 内部統制システムの構築は、法律の要求する義務であり、会社の事業活動に多大な影響を与えるものとして重要な業務執行とされている趣旨に照らしても、その義務は、会社の規模等によって定まるとはいえ、一義的であって、決して経営判断として位置付けられるものではない。ましてや経営判断の原則が適用されるという考えは誤りである。

(4) 内部統制システムの構築について、前記のとおり、株主代表訴訟において取締役の善管注意義務違背が問われる場合や代表取締役が任務懈怠により損害賠償請求をされる場合があり得るが、これらの場合に本判例の規範的価値が直接に及ぶとはいえないが、その判断が参考として強く位置付けられるであろう。

5 道具としての判例

(1) 有価証券報告書の虚偽記載による不法行為については、現在では金融商品取引法24条の4において準用する22条に明記され、また、判例（最三小判平24.3.13民集66巻5号1957頁・金法1947号87頁）も示されている。したがって、現在において本件と同旨の責任追及にあたっては、会社法の特別法としての金融商品取引法によることが通常であろう。

(2) それでも、本判例は、行為規範として、内部統制システムの構築について、多くの示唆がある。まず、当該不正行為からは、例えば、営業部門と検査部門の分離、独立した部門による個別取引の監視、管理部門による売掛金の分別管理、内部監査部門や経理部門等による監査、さらには法務部門による審査が考えられ、売掛金残高の確認を郵送書面に頼るなど形式的表面的チェックに堕すことには警鐘が鳴らされよう。

(3) 内部統制システムは、会社の規模、事業の内容等に応じたものとして、事業の運営において隅々まで法令が遵守され、あらゆるリスクに対応し、不正を未然に防ぐことができるように、実効性のある管理体制を目指

して、時代の知見に従って構築することが求められる。そして、時代の趨勢に応じ、もちろん、会社の事業の変革に応じて、さらには不祥事の出来などがあればその内容と原因に応じて、常に見直しが要請されることに留意しておく必要があろう。

・・・

第6 グループ会社管理

　企業グループには、様々な形態があるが、その規模や形態等に応じたグループ・ガバナンスの強化に向けて、法規制に頼ることなく取り組まなければならない。内部統制システムの構築については、グループ会社についても、平成26年改正会社法で明記され、金融商品取引法によって親会社等状況報告書の提出が義務付けられ、さらに、経済産業省「グループ・ガバナンス・システムに関する実務指針（グループガイドライン）」（平成31年6月28日）なども定められている。親会社の子会社に対する監督、さらには親会社取締役の子会社監督責任についても、それぞれの規模や形態等に応じた責任が模索される。

　親会社は、子会社とは人格が異なるとはいえ、子会社従業員の行為につき、信義則に基づき責任が問われ得る。その場合には、親子関係の成立の事情やその態様、法令遵守体制の構築とその具体策、親子会社の事業分野における協働の程度、親子会社間の情報共有などが検討されることを考えておくべきである。法令遵守体制の整備のあり方として、相談窓口のあり方、相談窓口を設ける場合の対応を具体的に明示することに留意することも必要である。

最一小判平30.2.15（金法2109号71頁）

●判示事項

　親会社が、自社および子会社等のグループ会社における法令遵守体制を整備し、法令等の遵守に関する相談窓口を設け、現に相談への対

応を行っていた場合において、親会社が子会社の従業員による相談の申出の際に求められた対応をしなかったことをもって、信義則上の義務違反があったとはいえないとされた事例

●判決要旨

　Y社が、法令等の遵守に関する社員行動基準を定め、自社および子会社である甲社、乙社等のグループ会社から成る企業集団の業務の適正等を確保するための体制を整備し、その一環として、上記グループ会社の事業場内で就労する者から法令等の遵守に関する相談を受ける相談窓口を設け、上記の者に対し、上記相談窓口に係る制度を周知してその利用を促し、現に上記相談窓口における相談への対応を行っていた場合において、甲社の従業員が、上記相談窓口に対し、甲社の元契約社員であって退職後は派遣会社を介してY社の別の事業場内で勤務していたXのために、Xの元交際相手である乙社の従業員AがXの自宅の近くに来ているようなので事実確認等の対応をしてほしいとの相談の申出をしたときであっても、次の(1)〜(3)など判示の事情のもとにおいては、Y社において上記申出の際に求められたXに対する事実確認等の対応をしなかったことをもって、Y社のXに対する損害賠償責任を生じさせることとなる信義則上の義務違反があったとはいえない。

(1) 上記体制の仕組みの具体的内容は、Y社において上記相談窓口に対する相談の申出をした者の求める対応をすべきとするものであったとはうかがわれない。

(2) 上記申出に係る相談の内容は、Xが退職した後に上記グループ会社の事業場外で行われた行為に関するものであり、Aの職務執行に直接関係するものとはうかがわれない。

(3) 上記申出の当時、Xは、既にAと同じ職場では就労しておらず、上記申出に係るAの行為が行われてから8カ月以上経過していた。

1　判決の形成に至る経緯

(1)　Xは、Yの子会社y₁の契約社員としてYの事業場内で就労していた者、Yは、y₁、y₂等でグループを構成する株式会社である。

Xは、同じ事業場内で就労していたy₂の従業員Aから、繰り返し交際を要求され、自宅に押し掛けられるなどしたことにつき、Yに対し、債務不履行または不法行為に基づき、損害賠償を求めた。

なお、ほかにA、y₁およびy₂に対する請求がされたが、原審において、従業員Aにつき不法行為に基づく損害賠償責任を、y₂につき使用者責任を、y₁につき雇用契約上の付随義務の債務不履行に基づく責任を認めた。この部分は、本判決の対象ではない。

(2)　事実関係は、以下のとおりである。

①Xは、平成20年11月、y₁に契約社員として雇用され、その頃から平成22年10月12日までの間、Yの事業場内にある本件工場で、y₁がy₂から請け負っている業務に従事していた。②Yは、法令等の遵守に関する社員行動基準を定め、Yの取締役および使用人の職務執行の適正ならびに本件グループ会社の業務の適正等を確保するためのコンプライアンス体制（本件法令遵守体制）を整備し、その体制の一環として、本件グループ会社の役員、社員、契約社員等本件グループ会社の事業場内で就労する者が法令等の遵守に関する事項を相談することができるコンプライアンス相談窓口（本件相談窓口）を設け、本件相談窓口制度を周知してその利用を促し、現に本件相談窓口に対する相談に対応するなどしていた。③Xは、本件工場で勤務していた際にAと知り合い、平成21年11月頃から肉体関係を伴う交際を始めたものの、翌年7月末頃までに、同人に対し関係を解消したい旨の手紙を手渡したが、その後、同人から、Xの自宅に押し掛けるなどされた。④なお、Xは、その後もAによる自宅への押し掛けなどの行為が続いたため、上司に相談したが、対応してもらえなかったことから、平成22年10月12日にy₁を退職し、同月18日以降、派遣会社を介してYの別の事業場内における業務に従事した。⑤Xが本件工場で就労していた当時の同僚であったy₁の契約社員Bは、Xから自宅付近でAの自動車を見掛ける旨

を聞き、平成23年10月、Xのために、本件相談窓口に対し、AがXの自宅の近くに来ているようなので、XおよびAに対する事実確認等の対応をしてほしい旨の申出をした。⑥Yは、本件申出を受け、y₁およびy₂に依頼してAその他の関係者の聞き取り調査を行わせるなどしたが、y₁から本件申出に係る事実はない旨の報告があったこと等を踏まえ、Xに対する事実確認は行わず、同年11月、Bに対し、本件申出に係る事実は確認できなかった旨を伝えた。

（3）　原審（名古屋高判平28.7.20金判1543号15頁）は、以下の理由により、Yに対して信義則上の義務違反を理由とする債務不履行に基づく損害賠償責任を負うと判断した。

①Yは、本件法令遵守体制を整備したことからすると、人的、物的、資本的に一体といえる本件グループ会社の全従業員に対して、直接またはその所属する各グループ会社を通じて相応の措置を講ずべき信義則上の義務を負う。

②y₁において、本件付随義務（使用者が就業環境に関して労働者からの相談に応じて適切に対応すべき義務）に基づく対応を怠っている以上、Yは、信義則上の義務を履行しなかったといえるとともに、Y自身においても、Bから本件相談窓口に対し事実確認等の対応を求められたのにYの担当者がこれを怠ったことによりXの恐怖と不安を解消させなかった。

2　判決の形成

本判決は、次のとおり判断した。

（1）　Yは、①自らまたはXの使用者であるy₁を通じて本件付随義務を履行する義務を負うといえず、②y₁が本件付随義務に基づく対応を怠ったことのみをもって、Xに対する信義則上の義務違反があったともいえない。

（2）　もっとも、①Yが、判決要旨記載のとおり、本件相談窓口を設け、現に本件相談窓口における相談への対応を行っていたことに照らすと、本件グループ会社の事業場内で就労した際に法令等違反行為によって被害を

受けた従業員等が、本件相談窓口に相談の申出をすれば、Ｙは、相応の対応をするよう努めることが想定されていたものといえ、申出の具体的状況によっては、申出者に対し、体制として整備された仕組みの内容、相談の内容等に応じて適切に対応すべき信義則上の義務を負う場合がある。

②Ｙが、ＢからＸのためとして本件申出を受け、y₁およびy₂に依頼してＡその他の関係者の聞き取り調査を行わせるなどしたものの、本件申出において求められたＸに対する事実確認等の対応をしなかったことについて、判決要旨(1)〜(3)の事情のもとでは、Ｙは、Ｘに対し、債務不履行に基づく損害賠償責任も負わない。

3 本判決の趣旨

(1) 前記2(1)の①と②の関係は、同旨を繰り返すものか、①が本旨債務で②が信義則上の義務をいうものか、必ずしも明らかではない。同(1)の理由として、「Ｙは、…Ｘに対しその指揮監督権を行使する立場にあったとか、Ｘから実質的に労務の提供を受ける関係にあったとみるべき事情はない」こと、「Ｙにおいて整備した本件法令遵守体制の仕組みの具体的内容が、y₁が使用者として負うべき雇用契約上の付随義務をＹ自らが履行し又はＹの直接間接の指揮監督の下でy₁に履行させるものであったとみるべき事情はうかがわれない」ことを指摘する。これによれば、①は、Ｙがy₁と人格を異にし、Ｘとの間に何らの契約関係がないこと、②は、Ｙとy₁またはＸとの間に、本件法令遵守体制を設けている一事をもって、「実質的に」も人格を同一視し、あるいは契約関係に準じる関係もなかったというものであろう。

前記2(2)①の部分は、本件事例において信義則上の義務があり得ることを判旨したものであるが、義務を負う場合およびその義務の内容とも、曖昧である。義務を負う場合として、判決要旨によれば、「グループ会社から成る企業集団の業務の適正等を確保するための体制…の一環として…相談窓口を設け」ている場合に加えて、「相談窓口…を周知してその利用を促し、現に上記相談窓口における相談への対応を行っていた場合」として

いるのは、本件事例に則して限定したものであろうが、単に形だけの相談窓口が設定されただけは足りず、親子会社の緊密性をも要求したものと見るべきか。一方、Ｘの業務について、y_1がy_2から請け負っているもので、Ｙの事業場内にある工場で行われていること、Ｘがy_1退職後も速やかにＹの別の事業場内で稼働していることは、Ｙとグループ会社およびＸとの関係の緊密度を示す事情として、考慮されているのか不明である。次に、負うべき信義則上の義務として、「体制として整備された仕組みの内容、当該申出に係る相談の内容等に応じて適切に対応すべき…義務」を掲げるが、その内容は、「相応」「適切」のものと示すにとどまり、結局、当該事例の事情に応じて個別に判断されることになる。

　前記２(2)②の部分は、本事例において指摘される事情が、信義則の適用を肯定するにはやや特殊なものであることを示すものである。

　(2)　本判決が、やや奇異にみえるのは、前記２(1)のとおり判断した上、「もっとも」として、同(2)①において信義則上の義務を負う場合があることを示し、それを本件に当てはめて、同②の部分を判決要旨としていることである。

　同２(1)の部分は、原審が、Ｙにおいて法令遵守体制を整備していることをもって、子会社従業員に対して、直接にまたは子会社を通じて相応の措置を講ずべき義務があると判断したことについて、同(2)の部分は、原審が、Ｙにおいて本件相談に対して対応を怠ったことをもって親会社に信義則上の義務の不履行を認めたことについてそれぞれ否定し、その上で信義則の性質に照らして、独自に判断を進めたのであろう。

　この点について、原審におけるＸの主張は、Ｙの義務として、「グループ会社との業務委託契約等に基づき、Ｙグループの構内で、グループ会社従業員から労務の提供を受けるという特別な社会接触関係に入ったことに基づいて、信義則上、グループ会社従業員に対し、安全に配慮すべき義務を負うから、雇用機会均等法の「事業主」として、グループ会社従業員が職場で行ったセクハラ行為について、安全配慮義務の一内容として措置義務を負担し」、そして、Ｙは、Ｘが上司に「本件セクハラ行為等について

何度も相談し、対応を求めたことにより、Yグループとして、Yグループのコンプライアンス体制に基づいて措置義務を履行すべきであった」というものである。本判決は、上記の主張に沿わない部分があるが、信義則違反の主張として弁論主義に違背するものとはいえない。本判決の結論において、論旨がこの趣旨をいうものとして理由があると判示したのも、上記の点が気になったのであろう。

　もっとも、本判決が、XがYグループの構内で、グループ会社従業員から労務の提供を受けるという特別な社会接触関係に入ったことに基づく信義則上の安全配慮義務について、明確な判断が示されているか疑問である。

　(3)　なお、本判決が「債務不履行に基づく」責任を負わないとしながら、結論部分で「不法行為に基づく損害賠償責任も負わない」と判示するのは、説明不足もはなはだしい。

4　判例としての意義と規範性

　(1)　本判例は、親会社の子会社従業員の行為に対する信義則上の義務について判断を示した初めての判例で、事例判例である。

　本判例の判断の前半の部分（前記2(2)①）は傍論であるが、親子会社における信義則上の義務があり得ることを判示した点において意味がある。判例部分（同②）は、その規範性について、本判例における事情によって限定されるので、今後の事例の当てはめにあたっては、法令遵守体制の具体的措置として、相談窓口の設置、その態様、周知の程度、実際の相談の具体的内容などについて、仔細に比較検討されるべきである。例えば、相談窓口が子会社にもあった場合は、事例として異なることになる。

　(2)　本判例が、事例判例とはいえ、親子会社の関係について、信義則によって処理したことは、親会社の子会社従業員に対する一般的管理監督義務を否定したといえる。親会社取締役の子会社従業員に対する管理責任について、親会社の事業価値の増大を図る義務として子会社株式の価値増大の一般的義務が発生することをもって肯定する考えがあるが、連結資産価

値の増加だけをもって法人格が異なる親会社の取締役の義務を引き出すことは難しい。むしろ、現法制下では、多様な親子関係からみても、信義則による義務を引き出すのが相当であろう。

(3) 本判例の参考になる先例として、最一小判平3.4.11（判時1391号3頁）は、元請企業と下請企業の従業員について「特別な社会的接触の関係」があるとした上で、信義則上元請企業に対して下請企業の従業員についての安全配慮義務違反を認めている。ここにいう「特別な社会的接触の関係」については、Xが、原審において、信義則上の義務発生の根拠として主張したものである。そのほか、最一小判平5.9.9（民集47巻7号4814頁・金法1372号22頁）は、100％子会社による親会社株式の取得につき、親会社取締役の責任が争われた事案である。この判例は、親会社の指示により子会社がその株式を売買した事例で、事案および判断過程を異にする。

なお、法人格否認の法理によって、親会社の子会社従業員に対する使用者責任を認めた裁判例はあるが、本判例によって同法理の適用場面は限定されるであろう。

(4) グループ・ガバナンスの強化に向けて、親会社の子会社に対する監督、さらには親会社取締役の子会社監督責任について、平成26年改正会社法は、取締役会で決定すべき事項として、362条4項6号に「並びに当該株式会社及びその子会社から成る企業集団の業務」という文言を加えた。これは、従来、会社法施行規則100条1項5号に掲げられていたものと同旨であるといわれるが、親会社において企業集団の業務の適正を確保する体制を構築することが強く打ち出されたものといえる。さらに、同号イからニにおいて、子会社の損失の危険の管理、子会社取締役等の職務の執行の効率性および法令適合性の確保等が規定された。

5　道具としての判例

(1) 親会社が子会社従業員の行為につき責任が問われる場面では、信義則適用の要素として、前記4(1)の事項のほか、親子関係の成立の事情やその態様、法令遵守体制の構築とその具体策、親子会社の事業分野における

協働の程度、親子会社間の情報共有などについて検討すべきである。

（2）　行為規範としては、親会社は、法令遵守体制の整備のあり方、相談窓口のあり方、相談窓口を設ける場合の対応を具体的に明示することに留意すべきである。特に、相談窓口については、子会社においても独自のものを設けるか、その場合において親会社がどのように関わるか、親会社において設ける場合にはその対象者、相談があった場合の対応システムとマニュアルなどを設けること、その中で子会社との連携方法なども定めておく必要がある。

（3）　そもそも、グループ・ガバナンスの確保においては、企業グループの規模や形態等に応じて、工夫しなければならない。その場合に、親会社にあっては、子会社に対して、その自律性を尊重しつつ、その業態の個性と態様を見極めて、謙抑的に監督するべきである。監督の手法においても、子会社の業務運営の実体そのものよりも、まずはその判断過程など手続面を重視してモニタリングをするのが相当である。その対象は、親会社の独自事項として、例えば、グループ全体の経営戦略、対外発信、経営資源の配分に関わる事項など、共通事項として、例えば、デジタルシステムやセキュリティシステム、内部統制システムなどに関わる事項、共有事項として、例えば、不祥事の発生などが挙げられよう。

第 *7* 株主総会

株主総会は、会社の意思を決定する基本の場である。その公正な意思形成を保障するために、権限の範囲について遺漏のないようにすることはもちろん、招集手続、株主提案権や議決権の扱い、議事や決議などの運営において、法令を厳しく遵守することが求められる。招集手続の瑕疵は許されない。株主総会の運営も丁寧でなければならないのであり、特に説明義務を尽くすように努める必要がある。株主権については、十分に尊重する意識が重要である。

1 株主総会の招集手続

株主総会の招集手続は、背景にある争いの事情にかかわらず、厳格に履践する必要がある。特に会社の運営をめぐって争いがある場合には、より丁寧に手続を果たす意識が求められる。このことは、招集手続の瑕疵に関する多数の判例が示している。株主であることが争われている場合には、事実の掌握はもとより、法律の趣旨を検討して、慎重に対処しなければならない。例えば、譲渡制限会社において、当事者間では株式の譲渡が有効にされている場合であっても、株主総会の承認がない場合には、会社においては譲渡前の株主を株主として扱わなければならないのである。ここでは、判例を紹介するにとどめる。

最三小判平9.9.9（金法1507号49頁）

●判示事項

1　特定の株主に対する株主総会の招集通知の欠如と他の株主との関係における取締役の職務上の義務違反の有無

2　定款上株式の譲渡には取締役会の承認を要することとされている会社において既に競売により株式を失っていたが株主名簿には株主として記載されていた者に対し株主総会の招集通知が行われないまま決議がされた場合に取締役に悪意または重大な過失による職務上の義務違反がなかったとはいえないとされた事例

●判決要旨

1　特定の株主に対する株主総会の招集通知の欠如は、すべての株主に対する関係において取締役の職務上の義務違反に当たる。

2　定款上株式の譲渡には取締役会の承認を要することとされている会社において、既に競売により株式を失っていたが株主名簿には株主として記載されていた者に対し株主総会の招集通知が行われないまま決議がされた場合に、右当時、右の者が会社を被告として株主としての地位の確認を請求する訴訟において請求を棄却すべきものとする判決が言い渡されていたものの、同判決は未確定であったなど判示の事実関係のもとにおいては、右の者に対する株主総会の招集通知の欠如につき取締役に悪意または重大な過失による職務上の義務違反がなかったとはいえない。

2 株主提案権の扱い

　株主提案権は、重要な意義・目的を有するので、その取扱いにおいて
は、丁寧で慎重な対応が求められる。一方、会社にとっては、とくに議案
の要領の通知請求権に応じる負担が重い上、議案の要領を招集通知に記載
しない場合には決議取消事由になる。

　会社は、株主提案権の扱いに限らず、適宜にトップメッセージを送った
り、会社の概要を説明するなどして日ごろから株主とのコミュニケーショ
ンに努めるべきである。株主提案権の濫用が危惧される場面では、議案に
つき趣旨を明確にするように、適法性に疑義がある議案に対して意見を明
らかにするように求め、あるいは議案数の削減のために協議をし、適法性
に疑義がある議案については毅然と撤回の交渉を進めるなどし、会社法施
行規則93条の趣旨を活用して合理的な範囲での分量制限を行い、場合に
よっては毅然と招集通知から落とす措置も考えるべきである（108頁（注）
参照）。これらの交渉の過程を記録に残しておくことも必要である。

東京高判平27.5.19（金判1473号26頁）

●**判示事項**

1　株主が提出しようとする議案の要領を株主総会招集通知に記載し
　ないことについて、正当な理由があるとされた事例
2　株主提案権の行使が権利の濫用に当たるとされた事例

●**判決要旨**

1　株主が提出しようとする議案の要領を株主総会招集通知に記載し
　ないことについて、当該議案が当該株主総会の終結時に任期が満了
　する取締役の解任であり、その提案の適否については消極の解釈に
　も合理性があり、弁護士から消極の解釈が有力であるとの回答を得

るなどの事情があるときは、正当な理由があり、違法ではない。

2　株主提案権の行使が、20個を数え、いずれも個人的な目的のためまたは会社を困惑させる目的のためにされたものであるなど、全体として正当な目的を有するものではないと認められる事情があるときは、提案の全体が権利の濫用に当たる。

1　判決の形成に至る経緯

(1)　本件事案は、株主から株主提案権の侵害を理由とする会社および役員に対する損害賠償請求である。XはY₁社の株主で300個以上の議決権を有する者、Y₁社は取締役会設置会社、Y₂〜Y₁₁は取締役または執行役である。

Xは、株主提案権の侵害行為に係る請求原因として、平成20年度から22年度にわたる定時株主総会において、①71期総会において、X提案の議案の要領が招集通知に記載されなかったこと、②72期総会において、X提案の議案の削減を強要され、かつ、削減後の議案の一部が招集通知に記載されなかったこと、③73期総会において、X提案の議案の内容が改変されて招集通知に記載されたことを主張した。なお、③73期総会に関しては、争点がXの申立てによる仮処分の手続において成立した和解の内容に沿うものか否かであって、専ら事実認定の問題であるから、立ち入らない。

関連の事情は、以下のとおりである。①71期総会については、提案議案は、Y₉の取締役の解任と2人の執行役の選任であり、これに対して、Y₁社から、招集通知に記載しない理由として、Y₉が総会で任期満了退任して再任される予定がないこと、新執行役員2名の具体的氏名等が挙げられていないことが通知された、②72期総会については、Xにおいて当初11議案を提示した後に114個の提案を通知したが、その後Y₁社と協議の上、59議案、さらに20議案に減らして記載を求めたが、Y₁社は、そのうち5個について不適法とし、その余について提案内容が虚偽でありまたは名誉侵害や侮辱の目的が認められるとして、招集通知に記載しないことを通知し

た。その5議案とは、業務執行に関する倫理規定を毎年作成する条項を定款に規定すること（倫理規定条項案）、取締役らにストックオプションを発行する場合にインデックス型コールオプションの利用を義務付ける条項を定款に規定すること（コールオプション利用義務条項案）、前取締役で相談役であるZ₂の行為と企業倫理に関する特別調査委員会を株主総会後に設置する条項を定款に規定すること（特別調査委員会設置条項案）などである。

（2）　本件争点は、①Xによる提案の要領を招集通知に記載しなかったことに正当な理由があるか、②Xの株主提案権の行使が権利濫用として法的に保護されないかである。ほかに、不記載につきXが同意していたか、削減を強要したかどうかなどが争点に掲げられているが、いずれも事実認定の事柄などであるので省略する。

（3）　第1審判決（東京地判平26.9.30金判1455号8頁）は、次のとおり判断した。

　Xが売名目的あるいは個人的な怨恨を晴らす目的で株主提案権を行使したものではないから、株主提案権そのものを権利濫用として保護されないものとはいえない。次に、①71期総会について、任期満了による退任と解任決議による終任では法律上の取扱いが異なり、株主総会の終結をもって任期が満了するとの理由で解任決議を行う必要がないとはいえないから、不記載に正当理由があったとはいえない。この取扱いについては両説があり、Y₁社は両説を比較して不要説に立ったのであるから、過失があったとはいえない。②72期総会については、倫理規定条項案、特別調査委員会設置条項案およびコールオプション利用条項案について、提案理由に個人の名誉を侵害する表現が含まれているとしても、また、取締役の定款遵守義務を困難にする程度に不明確とはいえないから、正当な理由があるとはいえない。そして、顧問弁護士に相談したとはいえ、かえって顧問弁護士からの説明および質疑応答によって問題点を把握することができたから、過失がある。

2 判決の形成

本判決は、次のとおり判断した。①71期総会について、Y₁社が議案を招集通知に記載しなかったことに正当理由があり、違法ではない。その理由として、任期満了予定の取締役について当該株主総会に解任を提案することができるかどうかについては見解が分かれ、消極の解釈にも合理性があること、事前に相談した弁護士から消極の解釈が有力であるとの回答を得たこと、Y₉は任期満了で退任し再任されないことになっていたことが挙げられる。②72期総会については、個人的な目的のため、あるいはY₁社を困惑させる目的のためにされたもので、全体として正当な目的を有するものではなく、提案の全体が権利の濫用として許されない。その理由として、実父Z₁に対する不満などの矛先をZ₁の兄でY₁社の相談役Z₂に向けていたものの、思うように進展しなかったために、株主提案によって追及する意図が含まれていたこと、当初、提案数を競うように114個もの提案をしたのはY₁社を困惑させる目的があったこと、20議案にまで削減したものの、そのうち倫理規定条項案および特別調査委員会設置条項案はZ₁またはZ₂を対象とするものであることなどが挙げられる。

3 本判決の趣旨

（1）本判決は、株主提案権に関して、提案の一部を株主総会の収集通知に記載しなかったことについて正当理由により違法性がないと認めるとともに、そのほかの提案権の行使を権利の濫用と認めた。特に正当理由により違法性がないと認めたことは注目される。

（2）①71期総会について、任期満了による退任予定の取締役について当該株主総会に解任を提案することができるかどうかにつき、退任予定取締役と解任取締役について会社法346条1項の適用に違いがあることをめぐって見解が分かれ、いずれを有力と決め難い状況にある。第1審判決は、正当理由がないとした上、過失を否定したが、本判決は、正当理由があり違法ではないと判断した。

正当理由による拒絶は、当事者の主張に引きずられたとはいえ、不法行

為の要件事実においてどのように位置付けられるか、本判決は明らかにしない。超法規的な違法性阻却事由とするのは、会社法305条の文理からすると、同法125条3項と比較すれば、一層困難である。議案の法令または定款適合性に係る扱いの過失の不存在をいう趣旨であろうか。いずれにしろ、株主提案権の意義に照らすと、その拒絶が正当であるかどうかの判断は慎重でなければならない。株主提案の採択に係る法律解釈に複数の考えがある場合に、法律解釈が裁判所の専権であることを考えると、単に複数の考えがあり、いずれも採り得るというだけで足りないのであって、実体と手続の双方から相応の理由が必要とされる。実体については、解釈の裏付け根拠、受容の程度、具体的場面に当てはめたときの較量が要素となり、手続として、第三者の意見の聴取などが要求されよう。本件において、弁護士に相談して不要説が有力である旨の回答を得たことは、第1審判決の指摘するように、それだけでは足りないが、それをもとにして検討が重ねられたとすれば、手続面は肯定してよいであろう。

　(3)　②72期総会については、第1審判決と理由を異にする。本判決は、Xの提案権行使の主観的事情を指摘して、全体として正当な目的を有するものではなく、提案全体が権利の濫用で許されないと判断した。このように、権利濫用の判断にあたり、「全体として」正当な理由がないとされることはしばしば見られる。しかしながら、本来、議案ごとに訴訟物は異なるのであるから、全体としての濫用を肯定するには、主観的意図や行為の目的が全議案に共通して見られること、あるいは共通の背景事情として位置付けられる趣旨であることが明確にされなければならない。意図や行動目的は、裁判官の心証に刷込みがされやすいだけに、慎重であるべきである。例えば、本判決が濫用としている倫理規定条項案や特別委員会設置条項案について、それだけを見ると、必ずしも個人攻撃とはいえず、株主共同の利益に触れるものと位置付ける余地がある。この点については、第1審判決の慎重な判断過程を相当としたい。客観的事実についても、確かに提案個数の多さは、それだけで濫用性の肯定に傾きやすいが、本来は1個1個別のものであるから、その内容の点検は疎かにはできない。内容の点

検にあたっては、その趣旨が不明であるかどうか、多数の文字を使用して説明していることが不自然でないかどうかなども検討に値する。その上、会社と株主との折衝の過程も権利濫用の評価障害事実となり得るはずである。例えば、株主側が交渉過程において提案個数を減らすなどした行為を誠実対応として権利濫用の評価障害事実と認め得るかどうかの判断も加えられてしかるべきである。そもそも株主提案権の濫用を論じるにあたっては、株主提案権が相対の権利関係とは異なる部分があることも考慮されるべきである。株主が株主総会の審議において経営に関する自らの意見を反映させ、ひいては株主総会の活性化を図る趣旨からすると、たとえ特殊な個人的意図があったとしても、客観的に見て上記の目的に資する場合もあり得るからである。

4　裁判例としての意義と規範性

(1)　裁判例には、たとえ規範が示されている場合であっても、法律審の洗礼を受けていないので、その部分について法的拘束力はない。

①71期総会に関して、株主提案権に関して招集通知の正当理由による拒絶を認めたことは大きな意義があるが、これに安易に寄りかかることはできない。しかも、本件の場合、株主提案権の行使が全体として濫用であるという特殊事情が前記の結論を誘導したこともうかがえるからである。さらに、任期満了予定の取締役について当該株主総会に解任を提案することができるかどうかについては、本判決においても傍論部分であるから、もちろん規範化することはできない（なお、最三小判平20.2.26民集62巻2号638頁参照）。

(2)　一方、裁判例にあっても、事例部分については参考に値する。

②72期総会について、株主提案権の権利濫用の法理の適用例として価値がある。本件株主権の行使の目的などの主観的要素と行使の態様などの客観的要素を総合的に評価していることは、判例の立場でもある。もっとも、株主提案権の目的を重視すれば、通常の相対の権利関係と同様として判断するのが相当といえるかについては、前記のとおり1個の問題である

から、当てはめについては注意を要する。

（3）裁判例は、判例がない分野において意義があるから、類似事例の判例から検討しておくことも必要である。株主提案権については、他の株主権の行使から先例性を探すことができる。株主名簿の閲覧謄写の請求について、最三小判平2.4.17（金法1288号29頁）は、自ら発行する新聞等の購読料名下の金員の支払を再開・継続させる目的でされた嫌がらせあるいは上記金員の支払を打ち切ったことに対する報復としてされたものであるときに、権利の濫用として許されないと判示した。この判例は、拒絶を正当な目的によるとしたものではなく、権利の濫用の法理を使って排斥したものである。判例に掲げられた事情からすると、権利濫用が受け入れやすい事例といえる。

5　道具としての裁判例

（1）裁判例には、規範的部分であっても法的拘束力はないので、裁判規範としてはもとより行動規範を引き出す場合にも注意を要する。ある事柄について確立した複数の見解があるときに、いずれを採るかの判断の適否あるいはその過失の有無について、経営判断の是非の判断に応用される余地があるものの、一般化することは慎重であるべきである。

（2）裁判例は、事例裁判例として使う場合にも留意を要する。同種事案に参考として利用する場合には、いずれの事情を要件として取り出すべきかが検討されなければならない。その場合に、裁判例と当該事例とを比較して、裁判例よりも当該事例のほうに受け入れやすい事情があることを要する。本裁判例を道具として使おうとする場合に、例えば、当該事例において、提案個数がより少ない場合や個人的怨恨などがより弱い場合は、かえって消極に作用することになりかねない。

また、高等裁判所の裁判例においては、第1審の理由付けと異なるときは注目しなければならない。この場合に、上級審の判断が優れているとは限らないことにも注意を要する。さらに、当事者の主張の展開によって判断が引きずられていることがあることも考慮に入れておかなければならな

い。このことは判例の場合と同様である。

　⑶　本件において必ずしも重視されていないが、Y₁社が踏んだ手続は行動規範として参考になる。例えば、株主に対して議案につき趣旨を明確にするように、あるいは適法性に疑義がある議案に対して意見を明らかにするように求めること、議案数の削減のために協議を3段階に分けて行うことを提案して協議を重ねたこと、適法性に疑義があるとした議案については理由を示して付議しないこととしたこと、虚偽であるものまたは名誉の侵害や侮辱を目的とするものについては記載しないことを毅然と通知したことなどである。いずれの当事者がより誠実に対応したかどうかによって裁判官の心証に与える影響も異なるであろう。

　会社にあっては、日ごろから株主とのコミュニケーションに努めることはもとより、濫用が危惧される場面では株主と撤回交渉を丁寧にし、その過程を記録化しておいた上、会社法施行規則93条の趣旨を活用して合理的な範囲での分量制限を行い、場合によっては毅然と招集通知から落とす措置も考えるべきであろう。裁判所にあっては、当該提案の数や内容のみならず、会社と当該株主との特別の関係、提案の動機や過去の提案状況、提案の扱いをめぐっての交渉の状況などをよく検討判断すべきであろう。

　⑷　株主提案権は、前記のとおり、重要な意義・目的を有するものである。一方、会社にとっては、特に議案の要領の通知請求権に応じる負担が重い上、議案の要領を招集通知に記載しない場合には決議取消事由になるから、提案が多数に及ぶ場合にもその適法性の判断のリスクを負うことになり、その対処法にも限界があることが指摘されている。株主提案権をめぐって立法化の動きがあるが（注）、たとえ個数制限が立法されることがあっても、裁判においては、一般条項の適用の問題として、上記のような諸事情を考慮して個別に判断するしかあるまい。

（注）　令和元年12月4日成立の会社法の一部を改正する法律（令和元年法律等70号）により、株主が同一の株主総会において提案することができる議案数の上限が10に制限された。

3 株主総会の運営（説明義務）

　株主総会の運営について、より慎重な配慮が望まれる。特に手続の公正さが強く求められる現在の社会において、総会の準備の段階から配意する必要があり、総会の設営や議事の進行においても、また、説明のあり方にも丁寧さが求められる。裁判例において、たとえ違法ではないと判断された事情であっても、例えば、ヤラセ質問、総会の設営におけるガードマンの配置、テレビカメラの設置などに関しても、免罪符として実務を動かすのではなく、反面教師として正す方向に動くべきである。さもなくばレピュテーションにおいて厳しい評価を受けることになりかねない。

　なお、株主総会の運営に関しては、前出の株主提案の扱いと同様、個別性が高いために判例が形成されにくいので、高裁判決から選んだ。

> ## 東京高判平29.7.12（金判1524号8頁）

●判示事項

　株主総会において従業員株主に打ち合わせの上質問の機会を与え、取締役による議案の説明に適切さを欠く場合であっても、決議の方法が著しく不公正であるとはいえないとされた事例

●判決要旨

1　従業員株主に株主総会への出席および質問を依頼した上、リハーサルを行い、株主総会において、質問した全株主数の半数に当たる従業員株主がリハーサル時と同旨ないし類似の質問をした場合であっても、その質問が決議事項または報告事項に関連するもので、一般株主に対しても関連質問を誘引する側面もあること、一般株主との質疑応答に相応の時間が充てられ、その質問内容が議事の後半には関連性を欠くようになったこと、質疑打切りの直前に質問等を

求めていた一般株主の数が出席株主に比して多いとはいえないこと
など判示の事情のもとでは、決議を取り消さなければならないほど
の重大な瑕疵があったとはいえない。

2　会社による株主に対する議案の説明の内容がわかりにくく、誤解
を生む余地があったとしても、株主総会の通知に記載された内容や
議長の議案の上程の際の説明など判示の事情を考慮すれば、決議を
取り消さなければならないほどの重大な瑕疵があったとはいえな
い。

1　判決の形成に至る経緯

(1)　本件は、株主総会決議の方法が著しく不公正であり、または法令に
違反するとして株主総会決議取消しを求める訴訟である。Yは、メディア
事業等を目的とする株式会社で東京証券取引所第一部に上場する。X_1は
Y株式100株を保有し、X_2はY株式3万株を保有する者である。

主たる主張は、①従業員株主による質問や質疑の一方的な打切りなどに
より一般株主の質問権等を侵害し、②役員賞与に関して虚偽の説明をして
説明義務に違反するというものである。ほかに、①本件株主総会の集中日
開催についての説明義務違反、②修正動議等の処理方法の不公正、③従業
員株主、ガードマンおよびテレビカメラによる一般株主に対する威嚇など
の主張がされ、また、説明義務違反や株主権侵害による不法行為に基づく
損害賠償請求もされた。

(2)　本件事実関係のうち本件株主総会の状況は、以下のとおり。

①本件株主総会には、1405人の株主が出席した。②本件株主総会には、
Yから4件、X_1またはX_2から10件の議案が提出された。Y提出の第2号
議案は、取締役16名を選任するというもので、第4号議案は、役員賞与支
給の件を議題として、取締役16名および監査役5名に対し役員賞与合計
2244万5500円を支給するというものであった。③A議長は、すべての議案
について説明して決議事項を上程した後、Xらに対し、株主提案議案につ

いて補足説明を求めるとともに、Yの取締役に、株主提案議案に対するYの意見を説明させ、また、Xらの事前質問について、会議の目的と関係ないものなどを除いて、常務取締役らを指名して一括回答させた。一括回答が終了した後、質疑応答が行われた。④本件株主総会の所要時間は合計2時間44分で、質疑応答に充てられた実質時間は1時間16分19秒であった。質疑応答の際に質問をした株主は合計16人で、このうち8人が従業員株主であり、一般株主8人の質疑応答に充てられた時間は52分47秒であった。なお、Xらは質疑応答の際に挙手していたものの、A議長から指名されなかった。⑤A議長は、16人目の株主の質問に対する回答が終了した後、質疑を打ち切り、採決を行った。その結果、Y提案議案は可決され、Xら提案議案は否決された。

(3) 本件事実関係のうちいわゆるヤラセ質問に関する事情は、以下のとおり。

①Yは、本件株主総会に先立ち、Yまたはグループ会社の従業員を動員して、2回のリハーサルを実施し、株主からの質問や動議への対応等の手順の確認をしたが、その際、Yの総務部長は、質問をする株主役を務める従業員株主に対し、質問事項を記載した書面を交付するとともに、リハーサル時における質問と同様のもので差し支えないので質問をするよう依頼した。従業員株主は、有給休暇を取得して、本件株主総会に出席した。②従業員株主の質問は、放送番組の終了に関する事項、役員賞与に関するものなどで、いずれも報告事項や決議事項に関連する。他方、一般株主の質問は、愛国保守的な番組作り、朝鮮総連との関係、本社屋の安全性等であった。また、最後の質問者となった株主がA議長に指名される直前に挙手をしていた株主の数は5人程度であった。

(4) 本件事実関係のうち説明義務に関する事情は、以下のとおり。

①X₁は、本件株主総会に先立ち、Yに対し、25頁にわたる質問状を送付し、過去の株主総会の運営方法等を批判するとともに、多数の事前質問をした。これらの質問には、「1億円以上の報酬等を得ている役員の実名、額を開示されたい。その際、…子会社、関連会社等から得ている報

酬、ストックオプション等も含めて、過去10年分について開示すること」、第4号議案における役員賞与について、「個人別支給額を明らかにされたい」との質問が含まれていた。②常務取締役は、役員賞与の支給に関して、「役員賞与は一般的に業績連動の側面がございます。当期の業績は減益ではございましたが、約315億円の連結営業利益を確保し、一定の役員賞与を支給するに足ると考えております。ただし結果に鑑み、個々の支給額は昨年と比較しまして約15%減額しております。なお支給額の開示につきましては法令に基づいて行っており、個別支給額を開示しないことは株主様の利益を損なうものではないと考えておりますので、何卒ご理解いただきたいと存じます」と回答した。③取締役16人および監査役5人に対する役員賞与総額は、2244万5500円（1人当り106万8833円）で前回より総額で130万円（1人当り1万1983円）高いものであった。また、有価証券報告書に記載されるべきA議長およびB副会長に対するYおよび連結会社からの賞与支給合計額は、前年度比15%減額されたものであった。

2 判決の形成

本判決は、次のとおり判断した。

⑴ Yが、従業員株主に本件株主総会への出席および質問を依頼した上、リハーサルを行い、本件株主総会で質問した株主の半数に当たる従業員株主がリハーサル時と同旨ないし類似の質問が相当程度促される状況にあったことからすると、上場会社の株主総会の議事運営方法として適切といえるか疑問がある。他方、判決要旨記載の事情に照らせば、A議長が殊更従業員株主の質問のために時間を費やしたとか、一般株主の質疑応答に充てられた時間が不十分であったとはいえず、一般株主の質問権または株主権を不当に制限したものともいえない。

したがって、本件各決議の方法が著しく不公正であると断ずることはできない。

⑵ ①会社法314条本文の規定による説明義務は、株主から株主総会において説明を求められたときに生じ、事前に質問を受けていたとしても負

うものではない。

②事前質問に対して会社がした回答の内容が虚偽であり、その結果、決議の内容が影響を受けたような場合には、株主総会の議事運営が著しく不公正であるといえる。本件回答は、役員2名に限定した連結役員報酬（賞与）支給額であることを明示しないまま、Y単体ではなく連結ベースで支給される賞与の合計額の前年度比の水準を説明するもので、はなはだわかりにくく、しかも、役員全員に対する個々の支給額が前年度比15％減額されていると誤解させ、誤解をしたまま議決権が行使された可能性が否定できないから、本件各決議の方法には不公正な点があった。もっとも、第4号議案には、役員賞与支給額の総額および支給の対象となる取締役および監査役の数が明らかにされ、そのことは株主総会招集通知に明記されていたのみならず、A議長により明らかにされていたこと、株主は、本件回答により、支給の理由ないし根拠につき誤解する可能性があったにとどまり、また、本件回答では、業績を連結ベースで評価した説明がされていること、さらに、本件株主総会における議決権行使の個数は171万9035個であり、議決権の事前行使による賛成票は第4号議案につき126万864個、第2号議案につき92万9187個ないし124万6156個であって、本件回答が議案の成否に影響を与えたものとは認められないこと、これらの事情を勘案すると、本件回答は、虚偽の説明であるとまでは認められず、しかも、議案の成否自体に影響を与えたとも認められないから、決議を取り消さなければならないほどの重大な瑕疵であるということはできない。

したがって、本件各決議の方法が著しく不公正であるとまではいえない。

3　本判決の趣旨

（1）　本判決は、ヤラセ質問の争点について、①上場会社の株主総会において、会社が、従業員株主に対し、会社自ら準備した質問をするよう促し、実際にも従業員株主が自らの意思とは無関係に当該質問をした場合には、多数の一般株主を有する上場会社の株主総会の議事運営としては適切

とは言い難いこと、②本件株主総会を統括する地位にある総務部長が上記のような依頼をすること自体、株主総会の議事運営のあり方として疑義がないとはいえないことを説示した上、③判決要旨に記載の事情のもとでは、不公正とまではいえないと判断した。

①のように一般論として言い切ることには異論があろう。会社が従業員株主と総会運営のリハーサルをすることは、円滑な議事進行確保のためであり、会社ひいては株主の利益に合致する余地があるから、業務執行として直ちに違法とはいえない。判旨は、リハーサルの内容とそれに応じた実行が、一方的な議事進行を引き起こし、一般株主から質問機会を奪うとみられるときに、決議の方法が著しく不公正とされるという趣旨として肯定される。②および③の諸事情を総合評価して、不公正とはいえないとした判断は是認される。

(2)　次に、説明義務違反について、①事前質問については説明義務を負わないが、②事前質問について会社がした回答が虚偽であり、その結果、決議の内容が影響を受けたような場合には、議事運営が著しく不公正であるといえる場合があり、③判決要旨に記載の事情のもとでは、本件回答が虚偽であるとか、議事運営が不公正とまではいえないと判断する。

一般論の①に異論はあるまい。事前の質問は、会社に調査の機会を与えて準備をさせるためのものであるから、株主総会に出席して質問をしない限りは説明義務は生じない。もっとも、議事の進行その他の事情によっては、質問があったものとして扱う余地もある。②さらに、事前質問であっても、会社が回答する場合には、適正に説明すべき義務があるというのは、相当であろう。この場合の根拠を会社法314条に求めるか信義則に求めるかの問題はある。進んで、③において、②の一般説示とは整合しないが、諸事情から虚偽回答とはいえないとしたことに異論はない。もっとも、書面による議決権の行使の事情を考慮することは相当ではあるまい。

なお、本判決は、法律違反の主張について明示しないで著しく不適正でないことを理由に退けたが、①の一般論の当てはめとして、②のとおり本件各決議の方法に法律違反の余地があるとした上、③に判断を進めたもの

であろう。

　(3)　株主総会の決議の瑕疵の存否と株主権の侵害による不法行為の成否とは、Xらの主張するとおり、同一には論じ得ないが、割愛する。

4　裁判例としての意義と規範性

　(1)　本裁判例は、株主総会におけるヤラセ質問と説明義務違反が問われた事例で、今後とも生じ得る問題であり、株主総会の運営に関する事例を加えるものとして参考にされる。

　(2)　本裁判例は、事例判断として、一般論の部分はもとより規範性がない。しかも一般の説示と事例判断の部分が整合せず、ヤラセ質問、説明義務違反のいずれについても、どのような場合に不公正さを免れるのか曖昧である。したがって、裁判例としての事実上の拘束性についても、基準とすべき事情の選択には慎重に考える必要がある。

　ヤラセ質問について、一般株主の質問する機会を奪うものと評価されるかどうか、さらに株主平等の原則に反するといえるかどうか（最三小判平8.11.12判時1598号152頁参照）に着目して、基準的な事情としては、株主総会における従業員株主と一般株主の質問者数の比率、双方の質問内容と質問時間、会社主導による影響の程度等が挙げられる。本裁判例は、一般説示において上場会社に限定するが、1つの事情にすぎない。

　次に、説明の瑕疵の判断基準について、決議報告事案との関係から見た虚偽性の内容・程度、決議の賛否に及ぼし得る影響の度合いなどが考えられる。説明義務の範囲については、質問株主が保有する資料等も総合的に考慮して、平均的な株主が合理的な理解および判断をなし得るか否かを検討すべきであるといわれるが、本裁判例も、これに従って、判決要旨記載の諸事情を指摘したものであろう。

　なお、事前説明に関する一般論の部分は、通説を確認するものとして意義がある。

　また、一括回答方式については、それを補充する説明をすれば足り、直ちに説明義務違反に当たらないとは確立した判例である（最一小判昭

61.9.25金法1140号23頁）。個別の報酬について回答義務がないことは異論がない。

5 道具としての裁判例

（1）　株主総会の運営に関する判例は、個別性が高いので、それほど多くなく、裁判例でも、個別事情が大いに異なる。したがって、新規の事案に向き合うときは、本裁判例の一般の説示部分に安易に寄りかからず、事情をもとに比較検討する必要がある。

（2）　株主総会決議取消訴訟では、株主総会の運営の不適切と思われる事由が些細な事柄を含めてすべて主張されることがある。判断にあたっては各主張事由が個別に検討されるが、それらが併せて違法性を形成することもあり得るから、このような主張の提出の方法にも一理はあるものの、かえって争点をぼかすことにもなりかねない。裁判所の関心を散漫にさせないために違法事由を限定した上、悪性の背景事情として主張することが望ましい場合もあろう。

（3）　株主総会決議取消しの事案では、なかなか積極判断が下されない。議長の議事運営が適切を欠く場合であっても、あるいは説明義務の履行に不適切な部分がある場合であっても、取消しを認めるほど著しく不公正とまではいえないと判断される例が多く見られる。裁判現場では、株主総会において株主の総意思が一応示されていることをもって、それを尊重する方向に働くからである。

実務においては、これらをいわゆる救済判決と受け止めて、より慎重な運営が望まれる。特に手続の公正さが強く求められる現在の社会において、ヤラセ質問や説明のあり方のほか、総会の設営におけるガードマンの配置、テレビカメラの設置などに関しても、むしろ厳しく正す方向に動くべきである。さもなくばレピュテーションにおいて手厳しい評価を受けることになりかねない。

4 株主権の行使

　株主権には、前出の株主提案権や株主総会における議決権のほか、取締役等の行為に対する監督是正権などがあるが、その行使は他の株主の利益にも影響があるので、その取扱いにあたっては、丁寧さが求められる。株式が共有されているいずれの場合にも、共有株主に株主権の行使等についての協議内容などを問い合わせ、さらに指定等につき積極的に照会するように努めるなどし、株主権の行使が適正にされるように側面からも配慮すべきである。

　取り上げる判例は、共有株主権のうち議決権の行使についての理論判例であるが、法律の解釈のあり方、民法と会社法や判例と立法の関係などについて、学ぶべきことが多い。

最一小判平27.2.19（民集69巻1号25頁・金法2021号94頁）

●判示事項

1　共有に属する株式について会社法106条本文の規定に基づく指定および通知を欠いたまま権利が行使された場合における同条ただし書の株式会社の同意の効果

2　共有に属する株式についての議決権の行使の決定方法

●判決要旨

1　共有に属する株式について会社法106条本文の規定に基づく指定および通知を欠いたまま当該株式についての権利が行使された場合において、当該権利の行使が民法の共有に関する規定に従ったものでないときは、株式会社が同条ただし書の同意をしても、当該権利の行使は、適法となるものではない。

2　共有に属する株式についての議決権の行使は、当該議決権の行使

をもって直ちに株式を処分し、または株式の内容を変更することに
なるなど特段の事情のない限り、株式の管理に関する行為として、
民法252条本文により、各共有者の持分の価格に従い、その過半数
で決せられる。

1 判決の形成に至る経緯

(1) 本件は、株主総会の決議の方法等に法令違反があると主張して、会
社法831条1項1号の規定により、その決議の取消しを求めた事案である。

事案の概要は、以下のとおり。①Xは、Y社の発行済株式の総数3000株
のうち2000株につき、相続によって取得したものの遺産の分割が未了のた
めに、Aとともに2分の1の持分割合で準共有している者である。Y社は
特例有限会社である。②Aは、Y社の株主総会で本件準共有株式全部につ
いての議決権行使をした。Y社は、会社法106条本文の規定による権利行
使者の指定および通知を受けなかったが、Aによる議決権行使に同意し
た。③本件総会においては、Aによる議決権の行使により、Dを取締役に
選任する旨の決議、Dを代表取締役に選任する旨の決議ならびに本店の所
在地を変更する旨の定款変更の決議および本店を移転する旨の決議がされ
た。④なお、Xは、株主総会の招集通知を受けたが、都合により出席でき
ない旨および本件総会を開催しても無効である旨を通知した上、本件総会
には出席しなかった。

(2) Xは、Aによる議決権の行使が会社法106条本文による指定および
通知を欠いたままされたものであるから、株主総会決議の方法等に法令違
反があると主張し、これに対し、Y社は、上記議決権行使につき、同条た
だし書による同意により適法であると反論した。

(3) 原審(東京高判平24.11.28金判1464号36頁)は、会社法106条ただし
書の趣旨について、同条本文による指定および通知を欠いていても、株式
の共有者間において権利の行使に関する協議が行われ、意思統一が図られ
ている場合に限って、会社の同意を要件に権利の行使を認めたものである

とし、その上で、本件議決権行使については、上記の場合には当たらないから、同意があっても、不適法であり、したがって、決議の方法に法令違反があるとして本件各決議を取り消した。

2　判決の形成

　本判決は、判決要旨1および2のとおり説示し、その説示に従い、次のとおり判示して、本件議決権行使が不適法であり、したがって、本件各決議は、その方法が法令に違反するとして取り消されると判断した。

　①本件議決権行使は、会社法106条本文による指定および通知を欠いたままされたものであること、②本件議決権行使の対象となった議案は、取締役の選任等であって、これらが可決されることにより直ちに本件準共有株式が処分され、またはその内容が変更されるなどの特段の事情は認められないから、本件議決権行使は、本件準共有株式の管理に関する行為として、各共有者の持分の価格に従い、その過半数で決せられるものであること、③本件議決権行使は本件準共有株式について2分の1の持分を有する者によってされ、残余の2分の1の持分を有するXが本件議決権行使に同意していないこと、④したがって、本件議決権行使は、民法の共有に関する規定に従ったものではないから、これに同意しても、適法となるものではない。

3　本判決の趣旨

　(1)　本判決は、共有に属する株式の権利の行使のあり方を問うものである。会社法106条ただし書の趣旨および共有株式の議決権の行使の性質について、明らかにする。

　(2)　判示事項1は、共有に属する株式について、会社法106条本文の規定による指定および通知を欠いたまま権利が行使された場合において、会社が同条ただし書の同意をしたときに、当該権利の行使の効果について、解釈するものである。その解釈においては、同条本文とただし書の規定振りに従い、ただし書により、本文の適用が排除され、したがって、ただし

書の規定による同意は、本文の指定と通知の欠如を治癒させるものであって当該権利の行使の有効性に関わるものではないことを明らかにする。次いで、当該権利の有効性について、民法の特別法としての会社法に特別の規定がないので、当然に民法の規定に従うことになる。判文は、同条本文が、共有に属する株式の権利の行使の方法について、民法の共有に関する規定に対する「特別の定め」（同法264条ただし書）を設けたものと解されると説示しているが、この判示部分は、判示事項１の判断の理由付けとして意義のあるものではなく、上記のとおり、特別の定めがないことによって、一般法としての民法が適用されることを間接的に述べるにすぎない。指定と通知は、判文も指摘するとおり、会社法に規定された特別の定めであり、会社側の事務処理の便宜に特別の配慮をしたものである（最三小判平3.2.19金法1297号29頁）。したがって、会社の同意の及ぶ範囲は、会社にとっての便宜を放棄する部分に限られるのであり、同意によって、共有者の権利義務の範囲を変更するものではなく、当然ながら民法の規定に違背する瑕疵まで治癒されるわけではない。共有者の権利義務は、あくまで民法の規定に従うのであり、会社の権限において、共有者間の権利行使に関わることができないのは当然である。

　本判決が、法文の解釈を進めるにおいて、文理から入っていることは正しいといえる。

　(3)　判示事項２は、株式が準共有に属する場合の株主権のうち議決権の行使に限って判示するものである。株式が準共有に属する場合に、共有者の権利義務あるいは権限行使のあり方については、他の法律に特別の定めがない限り、一般法としての民法の共有に関する規定が適用され、民法の規定の解釈にゆだねられる。もっとも、議決権の性質については、議決権が会社法の規範に服するから、会社法の趣旨から求められる。

　議決権の行使は、株主がその権限に基づき株主総会において決議に加わることである。したがって、議決権の行使は、通常は、株式の処分や株式の内容の変更をする行為でもなく、株主権を保存する行為でもないということができる。ただし、特別の事情がある場合には、例えば準共有者が発

行済株式を多数有する場合において株式の内容を変更する議案に賛成する
ときや組織再編等によって株式の買取りを強いられるという場合には、株
式の処分や株式の内容の変更をする行為に当たると考えられる。他方、準
共有者が発行済株式を支配する場合で議案が株式の内容を変更するもので
あっても、反対の議決権を行使する場合はもとより、合併、事業譲渡等の
組織の改編や重要な財産の処分によって事業価値に変更がもたらされるこ
とによって株式の内容が間接的に変更される場合は、これには当たらない
といえよう。さらに、株式の内容を変更するような議案について賛成の議
決権行使をした場合であっても、他の株主による議決権の行使と相まって
議案が可決されたようなときには、共有株式の発行済株式に占める割合、
定足数の充足状況、他の株主の議決権の行使の事情などによっては直ちに
は処分変更行為とはいえない場合もあり得る。要するに、議決権の行使
が、管理行為から除かれる場合は、株式の処分または内容の変更が直ちに
もたらされる場合であり、しかも、その場合を定性的に掲げることは困難
であって、本判決が、原則として管理行為に当たるとしつつ、一定の場合
ではなく、特段の事情があるときを除外したのも、その趣旨であろう。
もっとも、保存行為に当たる場合は想定し難いが、管理行為を原則とした
上、その除外例を示す場合は、保存行為を含めてすべて書き切るべきで
あった。

　(4)　決議取消事由に当たるかどうかは、会社法上の問題である。議決権
の行使に違法があり、それによって決議の成否が影響される場合には、同
法831条 1 項 1 号に規定する取消事由に当たることが肯定される。

　(5)　なお、本判決の判示事項および判決要旨の記載について、疑問があ
る。判決要旨 1 は、本件裁判の目的からいえば、本来、共有に属する株式
の議決権の行使に限定した判断で足りたはずであるが、共有株主権の行使
一般について判断した。学説が種々述べるので明示したものであろう。次
に、判示事項 2 に議決権の行使の決定方法と掲げ、判決要旨 2 において、
議決権の行使は、各共有者の持分の価格に従い、その過半数で決せられる
と掲げる。しかしながら、上記のとおり、株式が準共有に属する場合に、

議決権の行使がどのような行為に当たるかどうかは民法の適用によるもので、管理行為に当たればおのずから民法252条本文に従うことになるのであって、議決権の行使の決定方法が民法の規定により決められるものではない。

4 判例としての意義と規範性

(1) 本判例は、共有に属する株式の議決権行使についての理論判例である。

判決要旨1は、会社法106条を文理に従って解釈し、判決要旨2は、共有に属する株式の議決権の行使について、民法と会社法の法関係から、民法の規定に従う当然の事理を明らかにした。また、会社の法事象が継続性を有することから、ある行為について違法であっても、その違法が後の行為によって治癒されることはしばしば見られるが、本判例は、瑕疵の治癒の事例としても意味がある。

(2) 本判例の価値は、むしろ法文の解釈の手法にあるといえる。法文の解釈は、第1に規定の文理に従い、次いで当該法規の目的や趣旨から論理的推論に移り、さらにそれを立法趣旨に照らして補完するという手順に従って進められるべきである。文理による場合にも2通りあり、字義による場合と規定の体裁振りに従う場合がある。文理解釈を形式論とし、目的解釈を実質論として、後者に優位の価値があるとする傾向が見受けられるが、実質的解釈の名のもとに解釈者の自由な意図が入り込む余地があることは警戒されなければならない。

(3) 従来の判例との整合性も検討しておく必要がある。本判例に最も親近する判例には最三小判平11.12.14（判時1699号156頁）がある。旧商法203条2項の指定および通知を欠く株式の共有者につき会社から議決権の行使を認めることの可否について、判示するものである。同判例が、通知等を欠く場合であっても、会社の側から議決権の行使を容認することを認めたことは瑕疵の治癒に係る一般法理から是認することができるが、他方、例外として「共有者全員が共同して行使する場合」を除外したのは、

その例外の場合を限定するものであれば、議決権の行使が、前記のとおり、民法の規定に従うものであることからすると、必ずしも正当とはいえない。そもそも、同判例の事案は、相続人間で株式の帰属に争いがあった場合に、株主総会に共有者が全員出席したものの、取締役の選任の議案につき議決の意思が統一されなかったというもので、結論には異論がないはずであり、上記のような一般法理を説示すべき事案であったかどうか疑問がある。本判例と問題状況を共通にすることを考えると、本判例は、少なくとも上記判例との関係を明示すべきであったといえよう。

　最三小判平9.1.28（金法1489号29頁）および最二小判昭53.4.14（民集32巻3号601頁・金法864号28頁）は、いずれも権利行使者の指定の方法について判断するものであり、本判例の判断と抵触する部分はない。

　そのほか、最三小判平2.12.4（民集44巻9号1165頁・金法1297号28頁）、前掲最三小判平3.2.19および前掲最三小判平9.1.28は、株主総会決議不存在確認の訴え、合併無効の訴えまたは有限会社の社員総会決議不存在確認の訴えについて、株式または持分の共有者で権利行使者の指定通知を欠く者について、特段の事情がない限り、原告適格を有しないと一般法理を示した上、上記のうち初めの2判例は、特段の事情の存在を理由として原告適格を認めた。訴えの提起が旧商法203条2項または会社法106条本文による株主権の行使に当たれば、その行使についてはこれらの規定に従うべきであるが、他方、訴えの提起がこれらの条文に規定する株主権の行使とは異なるもので、その性質により、民法の規定に従うものとすれば、その基本的考えは本判例と抵触する余地がある。もっとも、これらの判例の事案は、共有者の株式が発行済株式の全部または過半数に及ぶ場合であるから、本判例の立場からも是認できる。

　(4)　最後に、立法と判例の関係についても検討する。立法段階で判例が確立しているときは、立法過程において、当該判例およびその趣旨が尊重され、当該判例と異なる見解を採ることは、原則として許されない。なぜならば、判例が法的拘束力を有し、立法審査に当たる内閣法制局の立場からいえば、規定の制定当時の法状況を尊重してそれに従うことは当然であ

るからである。もっとも、判例の趣旨が曖昧であったり、あるいはその後の判例によって趣旨変更されているようなときは、立法過程においてそのことが考慮されることはある。

会社法制定当時の判例には、前掲最三小判平11.12.14がある。この判例をめぐっては、いくつかの説が唱えられているが、会社法制定の立法過程においては、この判例の趣旨が確認されたというべきである。

5　道具としての判例

(1)　本判例は、共有株式につき指定または通知を欠く場合につき、共有に属する株式の議決権の行使と会社側の取扱いについて、先例となる。さらに、この場合に特段の事情として例外となる場合の当てはめにあたって、特に、小規模会社において、経営権の支配をめぐり共同相続人間で紛争が生じているような場合に、民法の適用の場面として、前記のような諸事情を考慮して検討する必要がある。

(2)　本判例は、むしろ、法律の解釈の方法について、参考に供することができる。法律の解釈が争われる場合に、文理解釈を中核に据える本判例の手法を想起すべきである。会社法と民法の一般法・特別法の関係について、当然のこととはいえ、明確にされたことも、今後、同種の問題状況の場面で意義を持つであろう。また、瑕疵の治癒の事例として応用される場面があり得る。

(3)　行為規範として、株式が共有されているいずれの場合にも、共有株主に株主権の行使等についての協議内容などを問い合わせるなどし、さらに指定等につき積極的に照会するように努めるべきである。

1 経営判断

　業務の運営は、適正でなければならない。取締役には、忠実義務とともに善管注意義務が課されている。取締役においては、常に、このことを意識して意思決定の過程において手続的正義が要請されることを認識しておくべきである。

　経営判断が問われる裁判は、手続・内容の両面にわたって、ますます緻密に判断されるであろう。特に、経営者の裁量の幅を超える余地が少しでもあれば、手続面の事情がクローズアップされる。微妙で困難な経営判断を求められるときは、まず内部では、慎重な手続を踏むために、機密性に配意しつつ、他部署との連携はもとより、事案に応じて特別の諮問機関を形成するなどし、部外には、法律、会計、税務などの分野で客観的な立場からの意見を求め、場合によっては第三者委員会の設置も検討されてよい。いずれの場合にも、その過程および議論の内容を子細に記録しておくことが求められる。

最一小判平22.7.15（金法1916号89頁）

●**判示事項**

　A社が事業再編計画の一環としてR社の株式を任意の合意に基づき買い取る場合において、A社の取締役に上記株式の買取価格の決定について善管注意義務違反はないとされた事例

●**判決要旨**

　不動産賃貸あっせんのフランチャイズ事業等を展開するＡ社が、事業再編計画の一環としてＢ社を完全子会社とする目的で同社の株式を任意の合意に基づき買い取る場合において、次の(1)〜(3)など判示の事情のもとでは、株式交換に備えて算定された上記株式の評価額が１株当り6561円ないし１万9090円であったとしても、上記株式の買取価格をＢ社の設立時の株式の払込金額を基準として１株当り５万円とする決定をしたことについて、Ａ社の取締役が取締役としての善管注意義務に違反したということはできない。

　(1)　Ｂ社の株主には、Ａ社が事業の遂行上重要であると考えていた上記フランチャイズ事業の加盟店等が含まれる。

　(2)　非上場株式である上記株式の評価額には相当の幅があり、事業再編の効果によるＢ社の企業価値の増加も期待できた。

　(3)　上記の決定に至る過程で、Ａ社の役付取締役全員により構成される経営会議において検討がされ、弁護士の意見も聴取されるなどの手続が履践された。

1　判決の形成に至る経緯

　(1)　Ａ社の取締役Ｙらに対する株主代表訴訟である。事案は、Ａ社が事業再編計画の一環としてＢ社を完全子会社とする場合において、その方法を任意の合意に基づく株式の買取りとし、その買取価格を高く設定したＡ社の取締役の決定について善管注意義務違反があるとして争われたものである。判示事項と判決要旨の摘示にやや問題があることは、後記３のとおり。

　(2)　事案の概要は以下のとおり。①Ａ社は、Ｂ社らをグループ企業として、不動産賃貸あっせんのフランチャイズ事業等を展開する会社であり、Ｂ社は、マンスリーマンション事業を行う会社である。Ａ社は、Ｂ社の株式66.7％を保有し、Ａ社のフランチャイズ事業の加盟店等もＢ社の株式を

保有していた。B社設立時の株式の払込金額は5万円であった。②A社は、A社を持株会社とする事業再編計画を策定し、関連会社の統合・再編を進めていたが、B社についてはA社の完全子会社であるC社に合併して不動産賃貸管理業務等を含む事業を担わせることが計画された。③A社は、その後、1株当り5万円でB社の株式の買取りを実施した。

(3) 請求原因として主張する違法事由は、①完全子会社とするにあたり株式交換によるべきであるのに任意の買取りとしたこと、②買取価格は、本来の8448円とするべきであるのに5万円としたことである。

Yら側の反論は、①株式交換ではフランチャイズ加盟店との関係に悪影響を及ぼし、任意売買がA社にとってメリットが大きいこと、②買取価格は、客観的価値としても、またグループ経営の要素を加味しても、合理的であること、③決定にあたって、外部弁護士の意見を求め、かつ、任意の諮問機関である経営会議にも意見を聴いたことである。

(4) 原審（東京高判平20.10.29金判1304号28頁）の判断は、要約すれば、次のとおりである。

①買取価格は、買取りと同時期にされた株式交換による評価額等から見ても1万円が相当であり、②5万円より低い額では買取りが円滑に進まないといえるか否かについて十分な調査、検討等がされていないから、合理的な根拠はなく、経営上の裁量の範囲を逸脱し、③弁護士の意見を聴取したことをもって注意義務違反を否定できない。

2　判決の形成

(1) 判決は、原審の適法に確定した事実として、前記1(2)のほか次の事実を掲げる。

①B社株式を1株5万円で買い取る決定は、A社経営会議で協議されたが、その場で、(i)B社を完全子会社とする方法は、A社の円滑な事業遂行を図る観点から、株式交換ではなく、可能な限り任意の合意に基づく買取りとすること、(ii)買取価格は払込金額である5万円とすることが提案された。②A社は、B社を完全子会社とするために予定していた株式交換に備

え、監査法人等2社に株式交換比率の算定を依頼し、B社の1株当り評価額は9709円、類似会社比較法による株主資本価値が6561円ないし1万9090円の結果を得た。③その後、A社とB社との間でB社1株につきA社0.192株を割り当てる株式交換契約が締結された。④A社経営会議は、社長の業務執行を補佐するための諮問機関で、役付取締役全員によって構成される。上記の協議の席上、上記提案につき助言を求められた弁護士は、基本的に経営判断の問題であり法的な問題はないこと、任意の買取りにおける価格設定は必要性とバランスの問題であり、合計金額もそれほど高額ではないから、重要な加盟店等との関係を良好に保つ必要性があるのであれば許容範囲である旨の意見を述べた。

　(2)　判決の理由は、以下のとおり。

　①本件事業再編計画の策定は、将来予測にわたる経営上の専門的判断にゆだねられていること、②B社を完全子会社とするための株式取得の方法や価格についても、株式の評価額のほか、取得の必要性、A社の財務上の負担、株式の取得を円滑に進める必要性の程度等を総合考慮して決定できること、③その決定の過程、内容に著しく不合理な点がない限り、取締役としての善管注意義務に違反するものではない。

　その上で、決定の内容について、①A社の株式を合意により買い取ることは、円滑に株式取得を進める方法として合理性があること、②買取価格を1株5万円と決定したことについては、(i)B社の設立から5年が経過しているにすぎないことから、払込金額を基準とすることに相応の合理性がないわけではなく、(ii)B社の株主にはA社の事業遂行上重要であると考えていた加盟店等が含まれ、その加盟店等との友好関係を維持することがA社およびその傘下グループ社の事業遂行のために有益であり、(iii)非上場株式であるAの株式の評価額には相当の幅があり、事業再編によりA社の企業価値の増加も期待できたことからすれば、著しく不合理であるとは言い難い。そして、決定の過程について、③経営会議において検討され、弁護士の意見が聴取されたことにより、何ら不合理な点は見当たらない。

3 本判決の趣旨

(1) 本判決は、取締役の善管注意義務違背の存否について判断するもので、その訴訟の構造は、要するに、原告側が、会社法330条、民法644条に基づく注意義務の違背の内容として、取締役の行為が職務の本旨に従ったものでないことを主張し、その裏付けの具体的事実を指摘し、一方、被告側において、評価障害事実をもって反論するものである。

(2) 本判決は、事例判例として、従来の判例との整合性が問題とされるところはない。

もっとも、前記2(2)において決定の内容として指摘する①および②の各事実については、確定した事実として掲げられていない。このことに特別の意味を見出す意見もあるが、摘示漏れであると考える。当該取締役が評価したことを事実と扱えば、経営判断の追認に堕すおそれがあるからである。また、合意による買取りに関する主張について、理由が明示されていない。そのためか、判示事項および判決要旨の摘示にも疑問がある。判示事項で「株式を任意の合意に基づき買い取る場合」と、判決要旨でも「事業再編計画の一環としてB社を完全子会社とする目的で同社の株式を任意の合意に基づき買い取る場合」と掲げているが、合意に基づく買取りについては争点であるにもかかわらず、あたかも所与の事実としているからである。

(3) これらの疑問をひとまず置いて判決を見ると、上記の訴訟構造からすると、買取金額を5万円とした経営判断には、通常の経営者の判断としては裁量を逸脱すると判断される余地があることが隠され、判決要旨に掲げる事情がなければ、本来、違背があると評価されることが読み解かれる。一方、指摘の事実によっても5万円と決定した理由はいまだつまびらかとはいえず、フランチャイズ事業の加盟店を失いかねないほどの価額の幅も明らかにはされず、株式の評価額に幅があるとしてもその幅の中で相当といえる程度も、さらに期待し得る企業価値の増加の程度についても示されていないのであるから（第1審判決（東京地判平19.12.4金判1304号33頁）は、努力して認定しているが）、納得するには不十分であると言わざる

を得ない。しかし、これらの事実は、あくまで当事者の主張、さらに規範的事実の指摘に頼らざるを得ないから、一概に裁判所の釈明あるいは踏み込み不足というわけにもいかない。もっとも、株主代表訴訟において情報の格差をどう考えるかが問題として残されている。株主側において不提訴理由書（会社法847条4項）によって、ある程度情報に近づき得るとしても、訴訟の構造さらに専門性を考えれば、裁判所の果たすべき役割は小さくない。

4 判例としての意義と規範性

（1）本件判例は、裁判集登載のものである。判決要旨から明らかなとおり、事例判例である。民集に登載されなかったのは、おそらく新規性がなく、事例の争点部分がやや特殊であり、特別に重要な先例的価値を認めないゆえであろう。一方、裁判集に登載されたことは、事例として参考に供したものと思われる。

規範性についていえば、事例としては、①フランチャイズ事業等を展開する会社が、事業再編計画の一環として完全子会社とする目的で他社の株式を取得する場面において、②方法として合意による取得を選択したこと、③その株式の買取価格を一般評価額に比して相当高い価額と決定したことについて、決定の内容と過程において、前記2(2)のとおりの事情があるというものである。判例の規範性は、上記の場面と事情を基準として位置付けられる。しかも、これらの事情は、あくまで当事者の主張に負っていることに留意しておくことが必要である。

（2）事例判例の場合に、ややもすれば事例を離れてその道行の説示を規範化するきらいがあるが、注意を要する。理由中の「その決定の過程、内容に著しく不合理な点がない限り、取締役としての善管注意義務に違反するものではない」の部分は、もとより判例部分ではない。経営判断の適否について、一般的基準とか要件を示したというものでもない。ましてや、米国型の経営判断の原則が採用されたとか、その基本的考えが取り入れられたともいえない。判例の評釈において、この部分を強調するものがある

が、判例の形成過程を正解しないものである。むしろ本件事例における結論の正当性の理由付けとして、取締役の善管注意義務について、法律（民法644条）の解釈に従い、職務の本旨としてその目的および性質に応じて最も合理的に処理すべき趣旨を説明したものと解される。特に、決定の過程について、第1、2審とも、当事者が争点化したこともあるから、裁判所が判断要素とすることは当然といえる。さらに付言すると、経営判断は、会計学的、経営学的、社会学的見地などの総合的判断であり、高度な専門的知見を要求されることは否めないが、科学裁判や医療訴訟に比べると、司法にとっては実体の部分に立ち入ることにそれほど違和感を抱かない場合が少なくないともいえる。それだけに、経営判断の内容の専門性と困難さの程度によっては、情報の収集、分析、検討の過程については立ち入るには及ばないと判断されるか、せいぜい「念のため認定」に供されるにすぎない場合もあり得る。他方、通常の経営裁量を逸脱している余地があるとみられる場合には、実体判断の専門性と困難さに代えて、むしろ手続や過程に重きを置いて判断されることになろう。

　(3)　ここで、理由中の説示について触れておく。説示にもいろいろなものがあるから、直ちに判断基準と位置付けたり、十分要件と扱われてはならない。例えば、任意的訴訟担当について判断した最一小判平28.6.2（民集70巻5号1157頁・金法2053号65頁。以下「平成28年最判」という）の第1、2審は、最大判昭45.11.11（民集24巻12号1854頁・金法601号25頁）と同様の判断枠組みを取ることを明らかにした上で、同判決の理由中において、「当該訴訟信託がこのような制限を回避、潜脱するおそれがなく、かつ、これを認める合理的必要がある場合には許容するに妨げない」と判示する部分を基準に判断を進めた。この部分について、判断基準として具体的許容範囲が曖昧であると批判されているが、任意的訴訟担当の趣旨を説明したもので、これを判断基準として過度に寄りかかることは誤った判断に導きかねない。同判例は、判示事項（判決内容とは必ずしも一致しない）に掲げるとおり、民法上の組合の業務執行組合員に対する任意的訴訟信託の許否に関する判例で、上記説示部分は、もとより判例部分ではない。もっと

も、平成28年最判も、判示事項として、「任意的訴訟担当の要件を充たすものとして」と誤導する。

5 道具としての判例

(1) 本判例は、経営判断の適否が争われるときに、事例にとどまるとはいえ、先例として参照されることは疑いない。もっとも、この判例を待つまでもなく、経営判断の内容に応じて、内容と手続の双方の面から、きめ細かく、主張を展開し、間接事実の提示を尽くすべきである。

第1に、内容面について、通常の経営者の判断としては裁量の幅を超えているという異常性を主張すべきである。例えば、本件の同様の事例において、フランチャイズ加盟店の確保の困難さ、買取りについて予想される株主の協力の程度、反対されるリスクの程度、買取価額によるシミュレーションなどを深掘りして具体的に示すことが肝要である。

第2に、手続面では、内容の異常性を補完するものとして攻防がされるであろう。例えば、経営会議の諮問について、それだけで適正手続が担保されたとはいえないはずであり、その構成、過去の諮問事項などを示すべきであり、弁護士の意見聴取についても同様で、当該弁護士の知見、会社との関係、事前に示された資料、それを踏まえた意見の内容などが問題とされる。そのほかにも、決定に至るまでの経緯、決定の時に提出参照された資料、それをもとにされた議論の程度などを提示することができるはずである。

(2) 行為規範としては、微妙で困難な経営判断を求められるときは、まず内部では、慎重な手続を踏むために、機密性に配意しつつ、他部署との連携はもとより、事案に応じて特別の諮問機関を形成するなどし、対策に係る各試案について裏付け資料をもってその長短を分析し、その議論や検討の過程と内容を子細に記録化するように心掛け、部外には、法律、会計、税務などの分野で客観的な立場からの意見を求め、場合によっては第三者委員会の設置も検討されてよい。

(3) 経営判断が問われる裁判は、本件判例後も見られ、今後とも予想さ

れる。その主張や争点化は、手続内容の両面にわたって、ますます緻密に展開されるものと思われる。特に、経営者の裁量の幅を超えると見られる余地が少しでもあれば、手続面の事情がクローズアップされてくるであろう。

2 善管注意義務 利益相反

業務運営の中でも、善管注意義務や利益相反行為については注意を要する。取締役は、法律上、善管注意義務と忠実義務を負い、さらに、その内容として利益相反行為が規制されているが、それぞれの場面で、これらの義務あるいは規制を形式的に捉えるのでは足りず、法の趣旨をよく検討して、実質的に該当性を判断する必要がある。この場合に、取締役が相互にその職務遂行につき監視義務を負っていることを忘れてはならない。

匿名契約の締結にあたっては、目的を鮮明に掲げること、利益相反行為あるいは危険行為を具体的に例示すること、それに対処して説明義務を明示すること、それに違反する余地がある場合の制裁または解除に関する条項も用意しておくことが望まれる。

匿名組合契約の活用例が、最近では諸分野で見られることから、注目されてよい。

最三小判平28.9.6（金法2060号68頁）

●**判示事項**

　匿名組合契約の営業者が新たに設立される株式会社に出資するなどし、同社が営業者の代表者等から売買により株式を取得した場合において、営業者に匿名組合員に対する善管注意義務違反はないとした原

審の判断に違法があるとされた事例

◉判決要旨

　匿名組合契約の営業者であるY₁社が、その営業として、新たに設立される株式会社A社の資本金の8割を出資し、A社の発行する新株予約権付社債を引き受け、A社がY₁社の代表取締役であるY₂およびその弟であるY₃から売買によりB社株式を取得した場合において、次の(1)および(2)など判示の事情のもとでは、上記の出資、引受けおよび売買に係る匿名組合員であるXの承諾の有無について審理判断することなく、Y₁社に善管注意義務違反はないとした原審の判断には、違法がある。

　(1)　上記売買は、Y₁社らがA社設立時に予定し、A社の代表取締役であるY₃において実行したものであり、上記の出資、引受けおよび売買はY₁社による一連の行為といえるところ、上記一連の行為は、これによりY₁社に生ずる損益が匿名組合契約に基づき全部Xに分配されるものであり、Y₂およびY₃とXとの間に実質的な利益相反関係が生ずるものであった。

　(2)　上記売買の売主であるY₂およびY₃が買主であるA社の取締役や代表取締役であること、B社株式に市場価格はなくXが売買代金額の決定に関与する機会もないこと、上記の出資および引受けの合計額は1億8000万円であり、上記売買の代金額は1億5000万円であって、いずれも匿名組合契約に基づくXの出資額である3億円の2分の1以上に及ぶものであることに照らすと、上記一連の行為はXの利益を害する危険性の高いものであった。

1　判決の形成に至る経緯

　Xは、匿名組合契約に基づき自らY₁社に出資した資金がXの利益に反する取引に充てられたために損害を被ったなどと主張して、Y₁社とその代表取締役Y₂および関連のY₃各自に対し不法行為に基づき、選択的に、

Y₁社に対しては債務不履行に基づき、Y₂に対しては会社法429条1項に基づき、損害賠償を求めた。

(1) 本件事実関係のうち、本件匿名組合契約の締結は、以下のとおり。

①Xは、不動産賃貸業等を目的とする株式会社であり、Y₁社は、総合コンサルティング業等を目的とする会社である。Y₂はY₁社の代表取締役で、Y₃はY₂の弟である。②Xは、Y₁社との間で、Xを匿名組合員、Y₁社を営業者として、Y₁社が有価証券の取得、保有および処分等の事業を営むためにXが3億円の出資をし、Y₁社がXに事業から生じた損益の全部を分配する旨の匿名組合契約を締結した。

(2) 本件事実関係のうち、Yらの行為は、以下のとおり。

①Y₂は、甲社のパソコンリサイクル事業を乙社との共同事業とすることを計画し、その方策として新設分割を採用することとした。なお、甲社は、パソコンの解体業務の受託等を目的とする会社で、その代表取締役Y₃は、Y₂の弟である。②甲社は、パソコンリサイクル事業を新設分割により設立するB社に承継させ、B社が発行する本件株式につき、Y₂およびY₃が取得し、B社の代表取締役にY₃が、取締役にY₂が就任した。③一方、Y₁社とY₃は、それぞれ8000万円と1000万円を出資し、他からの1000万円も加えて、A社を設立し、Y₃が代表取締役に、Y₂が取締役に就任した。④また、Y₁社は、A社の発行する新株予約権付社債を1億円で引き受けた。⑤そして、A社は、Y₂およびY₃から、本件株式を合計1億5000万円で買い受ける契約を締結し、その代金を支払った。その代金額は、B社の依頼により株式価値評価書に基づいて定められた。⑥A社は、その後、B社を吸収合併した。⑦なお、③の出資金8000万円および④の引受金1億円は、Xからの出資金3億円が充てられた。

(3) 原審（東京高判平27.1.21金判1503号10頁）の判断は、以下のとおり。

①匿名組合員と営業者またはその利害関係人との利益が相反する取引をすることは、営業者が営業の遂行にあたりその地位を利用して匿名組合員の犠牲において自己または第三者の利益を図るときに限り、営業者が匿名組合員に対して負う善管注意義務に違反する。②Y₁社の行為は、Xの犠

牲において自己または第三者の利益を図る行為であったと認めることができないから、善管注意義務に違反するとはいえない。③Y₁社に善管注意義務違反は認められないから、Yらは不法行為に基づく損害賠償義務を負わず、Y₂は会社法429条1項に基づく損害賠償義務を負わない。

2 判決の形成

本判決は、次のとおり判断した。

(1) Y₁社が、本件売買契約の締結を予定してA社の設立時に出資をし、その発行する新株予約権付社債を引き受け、A社に本件売買契約を締結させるという一連の行為を行うことは、Xの承諾を得ない限り、営業者の善管注意義務に違反する。

(2) その理由は、判決要旨(1)のとおりY₂およびY₃とXとの間に実質的利益相反関係が生じ、同(2)のとおりXの利益を害する危険性が高いからである。

3 本判決の趣旨

(1) 本判決の判断過程を要件事実に即して追ってみると、①匿名組合の営業員には、善管注意義務があること、②匿名組合員との間に利益相反関係が生ずる場合またはその利益を害する危険性の高いものについては、匿名組合員の承諾を得るべきであること、③これらの行為をするにつき、匿名組合員の承諾を得なかったことをいうものと解される。

(2) ①について、明示されないが、当然の事理として判断の前提とされている。

(3) ②については、③の行為の中で示されている。善管注意義務に違反する行為のうち、利益相反行為とする指摘について、2点が特記される。1つ目は、Y₁社が、本件売買契約の締結を予定して、A社の設立時に資本金の8割の出資をし、その発行する新株予約権付社債を引き受け、A社においてY₂およびY₃から本件株式の全部を購入することを「一連の行為」として捉え、その利益相反関係を実質的な利益相反関係とすること、2つ

目は、その関係がY₂およびY₃とX社との間においてであることである。上記の理由について本判決が羅列する事情を見ると、(i)本件売買契約の買主であるA社の利益・不利益が「Y₁社を通じて」Xの利益・不利益となること、それを遡れば、(ii)上記の一連の行為は、これによりY₁社に生ずる損益が本件匿名組合契約に基づき全部Xに分配されること、さらに付け加えて、(iii)Y₁社が、A社の設立時において本件売買契約を締結することを予定し、Y₁社の代表取締役Y₂の弟であるY₃においてA社の代表取締役としてこれを実行したことを指摘する。

そこで、「一連の行為」について見ると、出資はもとより、社債の引受けも出資に準ずる行為として、いずれもA社の設立に係る行為であり、さらに、A社が本件株式を買い取ることも、たとえ実質的にY₁社の行為と見るとしても、Y₁社の事業提携の一環としての行為である。進んで、上記の理由(i)について見ると、A社の設立は、甲社との事業提携のためのものであり、A社の利益が直ちにXの不利益になるという関係にはない。同(ii)についても、一連の行為によりY₁社に生ずる損益が全部Xに分配されることは、匿名組合の性質上当然のことである。本判決の本旨は、同(iii)に指摘するとおり、本件売買契約において、A社とB社あるいは甲社の取締役がY₂およびY₃であることに自己取引の様相があって危険な行為であり、Xの利益に反する余地があることにある。上記の2つ目の特記理由においても、結局、Y₁社の出資、さらにはY₂の取締役就任をもってY₁社とA社を同一視した上、ここでもA社とY₂およびY₃との自己取引性がXの利益を阻害するおそれがあることをいうのである。本判決が、一連の行為として見るとか、実質的利益相反の関係が生じるというのは、まさに事業提携において相手方当事者としてY₃とY₂が関わっていることに帰する。

何よりも、Xにおいて甲社のパソコンリサイクル事業を乙社との共同事業とすること、その方策として新設分割が採用されることについてY₁社から説明を受けていたかどうか明らかにされていないのは気になるところである。

(4) さらに、善管注意義務違反として「危険性の高い」ことを理由とす

る部分についていえば、危険な行為が直ちに善管注意義務違反というのは疑問である。匿名組合契約は、営業者に出資財産を帰属させて、自己の名で営業を行うことを許容するものであって（商法536条）、一般に危険性の高い行為を許さないという法理はあり得ないのであり、危険な行為といえども、匿名組合契約の内容によっては承諾等を得なくとも許されるはずであり、要は匿名組合契約の内容に従うべきであるからである。その判断をするには、本件匿名組合契約として当事者が合意している範囲を画定すべきであったが、本判決は、この点を曖昧にしたまま契約の内容から当然のように危険行為が許されないと判示している。補足意見も同様である。

　本判決および補足意見は、危険性として、甲社株式に市場価格がないこと、Xが売買代金額の決定に関与する機会がないこと、出資および引受けの合計額、売買の代金額が、いずれもXの出資額の2分の1以上に及ぶことを掲げるが、これらは匿名組合の本旨に悖るところはない。上記の行為がXの利益を害する危険性の高いものであったのは、ここでも、説示のとおり、「売買の売主であるY2およびY3が買主であるA社の取締役や代表取締役であること」がいわば自己取引に当たることに尽きる。

　(5)　以上のとおり、本判決は、利益相反行為として位置付けたために、Xの承諾の有無をあたかも争点の中核に据えるが、むしろ営業員の行為が匿名組合契約の趣旨目的を逸脱するかどうかが問われなければならず、その上で、逸脱する部分について、営業員が独断で事を運んだかどうかという観点から見るべきであった。そもそも、匿名組合において利益相反をいうことは、要するに、営業者において匿名組合員の利益に反する行為をすることであり、善管注意義務違反についても、利益相反の字義にとらわれて、承諾を得る義務と捉えるのではなく、例えば、営業員において、営業の節目において匿名組合員に営業の状況を報告説明すべき義務として捉えることもできるのである。

　原判決が、匿名組合における利益相反行為について、営業者が匿名組合員の犠牲において自己または第三者の利益を図ることとするのは、匿名組合の性質を端的に捉えている面があるということができる。

なお、判決要旨のうち(1)の事情は、本件行為の解釈説明にすぎないから、判決要旨として掲げるのは適切ではあるまい。

4　判例としての意義と規範性

　(1)　本判例は、匿名組合における営業員において、善管注意義務を負うことを前提とする。この部分は、学説上異論がないが、判例価値があり、判決要旨に掲げてもよいはずである。

　(2)　本判例は、匿名組合における営業員による善管注意義務違反の事例判例として規範性がある。本判例は、その違反内容として、実質的利益相反の用語を用いて、一連の行為を捉え、さらには危険行為と評価して、匿名組合員の承諾を得ることを怠ったことをもって注意義務違反とした。利益相反事実として、一連の事実を総合的に捉えて、実質的に見ていることは注目される。もっとも、前記のとおり、利益相反事実あるいは危険行為としての位置付けとも、匿名組合における性質をどこまで考慮されたか疑問があるので、その規範性の適用にあたっては契約の内容を踏まえて検討する必要がある。匿名組合においては、利益相反行為が会社法の規定のように定型的に規範化されていないのであるから、要件事実として善管注意義務の存在とその違反行為を具体的に主張する必要がある。要は、匿名組合契約における善管注意義務の内容として、当該契約の内容・目的を適切に把握して、当該契約の目的を逸脱することによって義務に違背することを示して、その間接事実としてその逸脱部分を適切に選択すべきである。善管注意義務違背として利益相反行為を安易に一般化して承諾を得る義務と捉えることは差し控えなければならない。

　(3)　本判例があえて利益相反というのであれば、会社法の規定の類推過程が示されるのがより説得的といえる。会社法356条1項2号・3号にいう利益相反行為とは、取締役が自己の名義で会社と取引をし、または取締役が会社を代表して、自己が代理または代表する第三者との間で取引をする直接取引および会社が取締役以外の第三者との間で行う取引で会社と取締役の利益が相反する取引をする間接取引を含み、いずれも会社の利益が

害される危険性が定性的に潜在しているとみられる行為であることから、株主総会あるいは取締役会（同法365条1項）の承諾を要するとしたものである。さらにいえば、会社の利益を犠牲にして自己または第三者の利益を図ることが懸念されることをもって、忠実義務違反を具体化したものといえる（なお、最二小判平12.10.20民集54巻8号2619頁・金法1599号86頁参照）。

　後発の事例において、善管注意義務として利益相反をいう場合には、上記の趣旨を参照して当てはめをすべきである。

　(4)　さらに、危険性が高い行為をもって善管注意義務違反とする部分は、前記のとおり問題があるので、事例判例としても安易に規範化することは慎まなければならない。

5　道具としての判例

　(1)　本判例は、匿名組合に関する事例判例である。したがって、事後の匿名組合に関する営業員の注意義務の存否が争われる事例においては、相互の事情を子細に比較検討されるべきである。「危険な行為」が善管注意義務に違反することがあり得ることも認識しておかなければならない。いずれの場合にも、当該匿名組合契約の内容を画定し、その上で、営業員の個々の行為が当該匿名組合の趣旨に合致し、その合意の範囲にあることを主張すること、争う側においては、具体的事実を示して合意の範囲を逸脱することを主張することが求められる。その場合には、会社法の規定とその先例を参照しておくことが相当である。

　(2)　匿名組合契約が、昨今、各種のファイナンスなどの事業に利用されていることからすると、本判例は、匿名契約の締結についていくつかの示唆を与える。契約を結ぶにあたっては、条項において、その目的を鮮明に掲げること、利益相反行為あるいは危険行為を具体的に例示すること、それに対処して説明義務を明示すること、それに違反する余地がある場合の制裁または解除に関する条項も用意しておくことが望まれる。

　(3)　取締役は、法律上、善管注意義務と忠実義務を負っている。これらの義務あるいは会社法等に定められた利益相反行為等について、その趣旨

をよく検討して、実質的に義務の内容や規制の該当性を判断する必要がある。この場合に、取締役が相互にその職務遂行につき監視義務を負っていることを忘れずに、それぞれの立場から法律適合性について監視に努めなければならない。

　組織再編の手続の遂行にあたっては、法律適合性につき遺漏がないように注意すべきことはもとより、あらゆる行為において信義則の適用があり得ることを前提に、特に債権者との関係では丁寧な応接を心掛けるべきである。

　吸収分割に係る判例であるが、この分野の判例は、それほど多くない上、組織再編の根本に関わる判断がある。

最三小決平29.12.19 （民集71巻10号2592頁・金法2102号64頁）

●判示事項

　賃借人が契約当事者を実質的に変更したときは賃貸人は違約金を請求することができるなどの定めのある賃貸借契約において、当該賃借人が吸収分割の後は責任を負わないものとする吸収分割により契約当事者の地位を承継させた場合に、当該賃借人が上記吸収分割がされたことを理由に上記定めに基づく違約金債権に係る債務を負わないと主張することが信義則に反し許されないとされた事例

●決定要旨

　賃借人Ｙが契約当事者を実質的に変更したときは賃貸人Ｘは契約を解除し違約金を請求することができる旨の定めのある建物の賃貸借契約において、Ｙが吸収分割の後は責任を負わないものとする吸収分割により契約当事者の地位をＡに承継させた場合に、次の(1)～(3)など判示の事情のもとにおいては、Ｙが、上記賃貸借契約を解除したＸに対

し、上記吸収分割がされたことを理由に上記定めに基づく違約金債権に係る債務を負わないと主張することは、信義則に反して許されず、Xは、上記吸収分割の後も、Yに対して同債務の履行を請求することができる。

(1) Xは長期にわたってYに上記建物を賃貸しその賃料によって上記建物の建築費用を回収することを予定していたと解され、Xが上記定めを設けたのは賃借人の変更による不利益を回避することを意図していたものといえ、YもXの上記のような意図を理解した上で上記賃貸借契約を締結したものといえる。

(2) Aは、上記吸収分割の前の資本金が100万円であって、上記吸収分割によって上記違約金債権の額を大幅に下回る額の資産しかYから承継しておらず、同債権に係る債務の支払能力を欠くことが明らかである。

(3) Xは、上記違約金債権を有しているとして、Yに対し、上記吸収分割について会社法789条1項2号の規定による異議を述べることができたとは解されない。

1　決定の形成に至る経緯

(1) 本件は、Xが、XとYとの間で締結された賃貸借契約に基づく違約金債権を被保全債権として、Yの第三債務者に対する債権につき、仮差押命令の申立てをした事案である。

　原決定（仙台高決平29.3.17金判1537号15頁）は、保全異議の申立てにより仮差押決定を取り消した原々決定（仙台地決平29.2.6同誌同号18頁）につき、これを取り消して仮差押決定を認可した。これに対して、Yが許可抗告を申し立て、許可された。

(2) 本件事実関係のうち、賃貸借契約に係る事情は、以下のとおり。①Yは、土木建築請負業等を主たる事業とする会社であり、資本金は5000万円で、純資産の額は約8億5000万円である。②XとYは、平成24年5月、

XがYの設計等に基づいて老人ホーム用の本件建物を建築し、YがXから有料老人ホーム等として使用する目的で賃借する旨の本件賃貸借契約を締結した。③本件賃貸借契約には、要旨次のような定めがある。(i)賃料は月額499万円、賃貸期間は20年間とし、Yは、本件賃貸借契約を中途で解約することができない。(ii)Yは、本件賃貸借契約に基づく権利を第三者に譲渡したり、本件建物を転貸してはならない。(iii)Yが契約当事者を実質的に変更した場合などには、Xは、解除することができる。(iv)本件賃貸借契約の開始から15年が経過する前に、Xが上記の解除条項に基づき解除した場合は、Yは、Xに対し、15年分の賃料額から支払済みの賃料額を控除した金額を違約金として支払う。④Xは、約6億円をかけて本件建物を建築し、同年10月Yに引き渡し、Yは、同年11月、本件建物で有料老人ホームの運営事業を開始した。

(3) 本件事実関係のうち、吸収分割に係る事情は、以下のとおり。①本件事業は、開始当初から業績不振が続いたので、Yは、平成28年4月頃、本件事業を会社分割によって別会社に承継させることを考え、Xに了承を求めたが、了承されなかった。②同年5月17日、Yが資本金100万円を全額出資することにより、Aが設立され、YとAは、同月26日、効力発生日を同年7月1日として、本件事業に関する権利義務等のほか1900万円の預金債権がYからAに承継され、Yは本件事業に関する権利義務等について責任を負わないことなどを内容とする吸収分割契約を締結した。③Yは、同年5月27日、翌日から1カ月以内に異議を述べることができる旨など法定の事項を公告したが、異議を述べた債権者はいなかった。④同年7月1日、本件吸収分割の効力が発生した。

(4) 本件事実関係のうち、その後の事情は、以下のとおり。①Yは、平成28年7月分までの賃料を全額支払ったが、Aは、本件吸収分割の後、賃料の大部分を支払わず、同年11月30日時点で合計1450万円が未払いであった。②Xは、同年12月9日、YおよびAに対し、Yが契約当事者を実質的に変更したことなどを理由に、本件賃貸借契約を解除する旨の意思表示をした。

2 決定の形成

本決定は、次のとおり判断した。

(1) 本件事業に関する権利義務等は、本件吸収分割により、YからAに承継された。

(2) 決定要旨(1)～(3)など判示の事情のもとでは、Yが、Xに対し、上記吸収分割がされたことを理由に違約金債務を負わないと主張することは、信義則に反して許されない。

(3) よって、Xは、吸収分割の後も、Yに対して同債務の履行を請求することができる。

3 本決定の趣旨

(1) 本決定の判断過程を追ってみると、①本件吸収分割によって権利義務がYからAに承継された、②しかるに、Yが本件吸収分割を理由に違約金債務を負わないと主張することは信義則に違反する、というものである。この判断過程は、いささか乱暴である。

(2) 本件仮差押えの申立ては、違約金債権を被保全権利とするものである。保全手続における当事者の主張は明らかではないが、要件事実を想定してみると、Xは、①違約金債権の発生原因として、本件賃貸借契約および解除事由の存在と解除の意思表示を主張する。これに対して、Yは、解除事由があることを否認した上、②違約金債務につき本件吸収分割契約によってYは免責されると抗弁する。この抗弁に対して、Xは、再抗弁として、③本件賃貸借契約によって吸収分割契約の効力のうちYが免責される部分は排除され、かつ、③′違約金債務がYに帰属しないとするのは信義則によって許されないと反論する。さらに、Yは、③の事実を否認し、③′に対しては、④吸収分割は、会社の組織に関する行為であり、その手続は会社法の規定により進められ、その効力も同法の規定により争われるべきで、本件では同法の規定による手続が正しく履践されているから、信義則が適用される余地はない、と反論する。

本決定は、Yの主張として、「本件吸収分割がされたことを理由に、本

件違約金債権に係る債務を負わない」と要約している。

　(3)　本決定は、曖昧ではあるが、上記の主張について、①および②を認め、③′の再抗弁を採用したと考えられる。

　まず、①について、本件建物賃貸借契約における「実質的な」当事者の変更とする文言やその他の条項などを総合すれば、吸収分割契約による当事者の変更は解除事由に該当するといえる。本決定は、明示しないが、これを認めているのであろう。②については、吸収分割契約による当事者の変更は一般承継であることは、本決定の説示するとおりである。

　次いで、③について、本決定の趣旨が、本件建物賃貸借契約が主張のような趣旨を持たないというのか、そもそも民法上の契約によって会社分割を排除することができないというのか不明である。おそらく前者を前提として③′の判断に進めたのであろう。なお、原決定は、本件建物賃貸借契約において吸収分割が排除されていると指摘しているが、本決定は、判断を明示しないで、結論において、原審の判断が同趣旨をいうものとして是認することができるとしている。

　③′については、前提事実において本件吸収分割契約の効力が発生したと記され、②の判断の前提として本件吸収分割契約を有効と扱っていることが示されているので、ここでは、会社分割手続が正しく履践されている場合であっても、その手続外において信義則が適用され得ることが示されていることになる。その場合に信義則適用の事情として、3つの事情を指摘する。決定趣旨(1)の事情については、賃貸借契約において賃借人の変更による不利益を回避する意図でその旨の定めを置くことはそれほど特段の事情とはいえまい。次に、同(2)の事情については、Aの資力が著しく劣ること、引き継がれた資産が乏しいことは、まさに濫用的な会社分割と見られる事象であるから、考慮すべき重要な事情といえる。同(3)の事情については、Xが違約金債権をもって本件吸収分割について異議を述べることができたとはいえないというのは、その限りにおいて異論はない。しかし、債権者異議を述べる資格としては、違約金債権に限定されないのであり、Xが他に債権を有しないかといえば、いささか疑問である。前提事実のとお

り、賃料が、Yによって平成28年7月分まで支払われていたとしても、お
そらく異議期間前に賃料債権がなかったとはいえないのであり、少なくと
も双務契約における債権を有しているといえなくもない。あるいは、原々
決定の指摘するとおり、Xが条件または期限付きの15年分の賃料債権を有
していると見る余地もある。債権者異議を述べる立場にないことは、信義
則適用の要件とも位置付けられる重要な事実であるから、丁寧に説示すべ
きであった。なお、賃料債務については、被保全債権としては、抗告審に
おいて取り下げられた。

さらに、同(3)の事情について付言する。債権者異議手続を含む本件吸収
分割手続については、上記のとおり、遺漏がなかったのであり、しかも、
実質的にみても、分割手続の始まる前から、Xに対して債権者として了承
を求めるなどして丁寧に対応していることからすると、Xが手続内におい
て争う余地は十分に確保されていたともいえる。また、吸収分割契約の内
容および手続において、不公正な事情も見当たらない。原決定は、事前に
具体的な分割契約の内容や異議の申立期間を告知するなどして異議申立て
の機会を保障すべきであるのに、かえって知れたる債権者は存在しないと
して個別催告をしなかったというが、本決定ではこれらの事実は認定され
ていないし、法律の要求する以上を求めることに帰し、相当とはいえま
い。

要するに、本決定は、濫用的会社分割に対して、会社法によって争うこ
とが封じられている場合に、信義則の適用によって同様の効果が得られる
ことを判示したものといえる。

(4)　そのほかの疑問点を示しておく。

1つ目は、違約金債権について、被保全権利として、既に発生または存
在している権利として主張されているにもかかわらず、同債務の「履行を
請求」できると説示するのは、Yに帰属しないとする主張を信義則によっ
て封じたことに伴うものとしての表現か、会社法789条1項2号を意識し
たものであろうか。

2つ目は、本決定の決定要旨において、「①…建物の賃貸借契約におい

て、②Yが…吸収分割により契約当事者の地位をAに承継させた場合に」（付番筆者）として、②があたかも①の契約の内容のように記載するが、紛らわしい。

4　判例としての意義と規範性

（1）　本判例は、吸収分割について正当な手続が踏まれていた場合であっても、信義則の適用によって、その効力の一部が否定され得ることを示したことに意義がある。しかし、その規範性は、事例判例として、本件事案の特殊性によって局限される。特に、吸収分割をめぐる関係当事者が限られ、しかも当該当事者に会社法による争う術がない場合に限定してよいであろう。規範として当てはめる場合には、この点について厳格に判断されるべきである。

（2）　前記3(2)③の主張に関して、民法上の契約によって、会社分割を排除することができるかについては、本判例は、明示しないから、判例としての規範性はもとよりない。

そもそも吸収分割契約が会社の組織に関する行為で、多くの利害関係人の利害に関わるものであり、吸収分割が不採算部門を切り離して他の部門を生き残らせる手段として濫用される危険を内包するものであるから、手続が厳格に定められ、救済手続も用意されていることを考えると、特定の当事者の意図によってそれを排除することは許されないといってよいであろう。

（3）　同④の吸収分割の手続が正しく履践された場合には、信義則が適用される余地はないとの主張については、本判例は、結局のところ、一定の場合にこれを否定したものといえる。他方、Xにおいて債権者異議を申し立てられる場合には、おそらく信義則の適用が否定されることになる。当事者間の個別契約であらかじめ吸収分割を排除することができないとする上記と同じ趣旨により、吸収分割の効力は会社法に従って関係当事者全体において争われるべきであり、しかも、その例外としての特段の事情、例えば債権者に該当しないが特に利害を考慮すべき事情がある場合などは想

定し難いからである。

　⑷　会社分割に関する先例との関係について、触れておく。

　最二小判平24.10.12（民集66巻10号3311頁・金法1970号112頁）は、詐害的な会社分割について、新たに設立する会社に債務が承継されないために新設分割について異議を述べることができない新設分割をする会社の債権者に詐害行為取消権の行使を肯定した。組織に関する行為を財産上の行為と見て、保護の対象とされていない債権者に対して、詐害行為取消しを認めたもので、その根底の考えは本判例と共通する部分がある。なお、平成26年会社法改正によって分割会社が残存債権者を害することを知って会社分割をした場合には、承継会社に対して承継した財産の価額の限度で債務の履行を請求できることが明文化された（764条3項、759条4項ほか）。そのほか、最二小判平22.7.12（民集64巻5号1333頁）は、会社分割に伴う労働契約の承継等に関する法律により、当該労働者が承継手続に瑕疵があるとしてその効力を争った事例であり、最三小判平20.6.10（金法1848号57頁）は、会社分割に伴いゴルフ場の事業を承継した会社が預託金会員制のゴルフクラブの名称を使用している場合に、会社法22条1項の類推適用によって預託金の返還義務を認めたもので、いずれも本判例とは関わらない。

5　道具としての判例

　⑴　会社の組織に関する行為にも信義則の適用される一例が加えられたことにより、組織的行為のいずれの場面にも信義則の適用があり得ると考えて、事例と向き合うにあたっては、各事情を子細に検証することが必要である。

　⑵　土地建物賃貸借契約などの継続的契約においては、当事者の変更が見込まれること、特に組織再編によってそれを阻止することが困難となることを見越して、救済条項を定めておくことが必要である。例えば、会社分割は、雇用契約その他の権利義務の当事者にとっては、不利益を受ける可能性があるので、当該契約に違約金条項などを盛り込むことを検討しておくべきである。

(3) 他方、組織再編の手続の遂行にあたっては、法律適合性につき遺漏がないように注意すべきことはもとより、あらゆる行為において信義則の適用があり得ることを前提に、特に債権者との関係では丁寧な応接を心掛けるべきである。

・・

第**10** 企業内容の開示

　企業内容の開示は、ガバナンスの基礎であり、市場との対話を図る重要なツールである。とりわけ社会が透明性について強く希求するときであるから、有価証券報告書等企業内容の開示については、その内容や方法について一層きめ細やかな配慮が求められる。

最一小判平30.10.11（民集72巻5号477頁・金法2109号60頁）

●判示事項

　金融商品取引法19条2項の賠償の責めに任じない損害の額と民訴法248条の類推適用

●判決要旨

　金融商品取引法18条1項に基づく損害賠償請求訴訟において、請求権者の受けた損害につき、有価証券届出書のうちに重要な事項について虚偽の記載があり、または記載すべき重要な事項もしくは誤解を生じさせないために必要な重要な事実の記載が欠けていたことによって生ずべき当該有価証券の値下がり以外の事情により生じたことが認められる場合に、当該事情により生じた損害の性質上その額を立証することが極めて困難であるときは、裁判所は、民訴法248条の類推適用により、口頭弁論の全趣旨および証拠調べの結果に基づき、金融商品取引法19条2項の賠償の責めに任じない損害の額として相当な額を認定することができる（補足意見がある）。

1 判決の形成に至る経緯

⑴ Yは、東京証券取引所第1部に上場している株式会社であり、Xらは、Yの株式を募集等により取得した者である。

Xらは、Yが提出した有価証券届出書の参照書類の半期報告書のうちの重要な事項に虚偽の記載があり、それにより損害を被ったなどと主張して、Yに対し、金融商品取引法（以下「金商法」という）23条の2により読み替えて適用される同法18条1項に基づく損害賠償を求めた。

Xらの上告受理申立ては、その理由中の判示事項に関する部分に限定して受理された。

なお、Xらのほかにも、原告の中には流通市場において取得した者があり、会社法350条、民法709条に基づく請求もされ、また、原審（東京高判平29.2.23LLI/DB判例秘書（L07220613））において多数の争点が提示されているが、判例部分と関わりがある部分に限って検討する。

⑵ 事実関係について、法理に関係のある部分に限定して、原判決によって、摘示する。

本件事実関係のうち、Yによる虚偽記載に係る事実は、以下のとおり。

①Yは、平成19年9月28日、過年度の営業損失が最大で280億円加わるなど平成18年9月中間期半期報告書および平成19年3月期有価証券報告書には誤りがあり、これらを訂正する可能性がある旨を公表するとともに、平成20年3月期の通期連結業績予想に係る営業利益につき570億円下方に修正する旨の公表をした。②続いて、Yは、平成19年12月12日、半期報告書の連結中間純損益額につき28億1700万円の損失を100億9500万円の損失に、有価証券報告書の連結当期純損益額につき158億2500円の利益を45億9300万円の損失に、それぞれ訂正した。③上記の公表または訂正の前に、Yは、関東財務局長に対し、平成18年12月、同年9月中間期の連結純損益額につき28億1700万円の損失と記載した同中間期半期報告書を提出し、翌19年1月、この半期報告書を参照書類とする有価証券届出書を提出して、同年6月、同3月期の連結純損益額につき158億2500万円の利益と記載した同期有価証券報告書を提出し、それぞれ公衆の縦覧に供されていた。

本件事実関係のうち、Ｘらによる株式の取得に係る事実は、以下のとおり。

①Ｘらは、平成19年１月、Ｙによる第三者募集に応じて、Ｙ株につき１株391円で取得した。②Ｘらは、同年10月以降、Ｙ株を売却した。③Ｙ株の値は、同年９月28日の公表日において１株361円であったが、その後、同年10月１日に281円、同月２日に264円と急落し、同月３日に292円、同月４日に303円といったん上昇したものの、その後は若干の変動はありながらも全体として下降傾向が続き、同月26日には268円となり、原審口頭弁論終結時においては、291円であった。

(3) 原判決の判断は、以下のとおり。

金商法18条１項に基づく損害賠償請求について、第三者募集に係る有価証券届出書の参照書類である平成18年９月中間期半期報告書に虚偽の記載があると認められ、Ｙの負担すべき賠償責任額は、金商法19条１項に基づいて算定した賠償責任額から、同条２項により認定した賠償の責めに任じない額（１株30円）および民訴法248条の類推適用により金商法19条２項の賠償の責めに任じない額として認められる相当な額（６割）を控除した額とする。

2　判決の形成

本判決は、判決要旨記載のとおり判断した。

その理由として、以下のとおり、説示する。①金商法の関係規定は、請求権者への損害塡補と併せて不実開示の抑止による証券市場の公正の確保を目的として政策的に設けられたもので、その目的を実現しつつ、事案に即した損害賠償額を算定しようとする。②一方、民訴法248条は、当事者間の衡平の観点から設けられた。③金商法21条の２第６項のような規定が同法19条に置かれていないことによって、判決要旨記載の解釈は左右されない。

3　本判決の趣旨

　(1)　本判決は、金商法18条1項に基づく損害賠償請求訴訟において、同法19条2項の賠償の責めに任じない損害の額について、同項に該当する場合だけではなく、他事情による値下がりの発生が認められるもののその額の証明が極めて困難である場合に、民訴法248条の類推適用により裁判所が相当な額を認定することができると判断した。

　(2)　本判決は、その理由として、関連規定を摘示して、その趣旨を説明し、そこから上記の結論を導き出すが、要するに、①金商法18条1項、19条2項が政策的に設けられたものであること、②民訴法248条が当事者間の衡平を図るものであることを掲げる。①については、政策的という意味が定かではないが、規制立法がすべて政策的であることを考えると、結局、虚偽記載等のある有価証券届出書の届出者に無過失損害賠償責任を負わせるとともに、請求権者において損害の立証が困難であることから立証の負担を軽減することをもって、損害賠償法理において民法または会社法の特例を定めることをいう趣旨であろう。なお、この説示部分は、最三小判平23.9.13（民集65巻6号2511頁・金法1946号108頁）の意見の説示に類似する。②については、異論はない。

　一方、原判決は、端的に、金商法19条1項および21条の2第2項に基づく損害額の算定において、虚偽記載等と相当因果関係のある値下がり以外の事情（他事情）による値下がり分を上記規定に基づく損害額から控除する必要がある点では同様であり、その際、同法19条2項および21条の2第4項に定める他事情による値下がり分の金額について立証がされた場合のみならず、他事情による値下がりの発生が認められるものの、その額を証明することが極めて困難である場合についても、相当な額を認定して上記規定に基づく損害額から控除する必要があることに何ら変わりがないと説示する。

　本判決は、原審の判断について、本判決の趣旨をいうものとして是認するとして、理由付けを差し替えている。

　(3)　法律の解釈にあたっては、何よりも文理と法秩序によることを第1

とすべきである。金商法は、会社法の特別法であり、それぞれの一般法として民法および民訴法が存在するから、特別の規定がない限りは、法秩序に基づき、順次一般法の規定の適用を受けることになる。金商法は、損害賠償について、無過失責任とする規定を設け、その損害の立証について、一定の額を賠償責任額として法定した上で、賠償責任者において、その額から虚偽記載等による値下がり以外の事情による値下がりであることが証明されたものを減額するという特別の定めを置いているが、これらを除く分野においては、民法または民訴法の適用を受ける。確かに、金商法19条2項が賠償責任から免れる損害の範囲について規定し、他方、民訴法248条が賠償すべき損害額について規定していることからすると、同一の局面を規定するものとは直ちにいえない。しかし、金商法19条2項に規定する他事情による損害の発生について、同条1項と併せて相当因果関係の損害の範囲の問題と捉えることもでき、立証責任を負う者につき請求を受ける側とする部分にのみ特別の定めがあるとして、この部分を除いて一般法としての民訴法248条の適用を受けると解釈される。

次に、文理上の問題としては、金商法21条の2第6項の規定との関係が検討されなければならない。同一法律内で、同様の事象について、一方の規定に定めを置きながら、他方の規定に同旨の定めを欠く場合は、特別の事情がない限り、他方の規定の適用においては一方の規定の定めの適用がないというのが合理的である。同項の規定と19条2項の規定が同様の事象を扱っているのであれば、民訴法248条と同旨を規定する金商法21条の2第6項と同旨の規定を欠くことは、特別の事情がない限り、同法19条2項の場合においては、民訴法248条の適用がされないことになる。しかしながら、金商法21条の2第6項は、直接には同条3項に規定する場合であって、他事情による損害の発生の場合における立証の困難の場合ではなく、同様の事象ではないから、民訴法248条適用の妨げとなるものではないともいえる。この点について、本判決は、金商法21条の2第6項の規定が同法19条に置かれていないことは、左右するものではないと判旨するにとどまる。これに対して、補足意見は、同法21条の2第6項の規定について、

同条 3 項が損害の推定規定であることを理由とするが、その限りでは正しいとしても、上記のとおり、もとより同条 6 項に規定する他事情による損害を扱う場面とは異なるともいえる。

　民訴法248条の適用を否定する説は、金商法18条 1 項に基づく損害賠償請求が原状回復的なものであり、同法19条 1 項が賠償責任額を法定するものであることを根拠とするが、このことのみをもって適用を否定する根拠とするのは難しい。

　(4)　本判決は、判決要旨においても、民訴法248条について「類推適用」であることを明示した。その理由は、おそらく、前記のとおり、金商法19条 2 項が賠償責任から免れる損害の範囲について規定し、他方、民訴法248条が賠償すべき損害額について規定していることあるいは金商法19条が同法21条の 2 第 6 項と同旨の規定を欠くことから、同一の局面を規定するものとはいえないと判断したものであろう。上記(3)の文理による検討からすると、当然に適用されることになる。

　なお、原判決は、前記のとおり、類推適用説を採用する根拠として、専ら金商法19条 2 項と同法21条の 2 第 4 項の類似性を指摘する。

4　判例としての意義と規範性

　(1)　本判例は、金商法18条 1 項に基づく損害賠償請求における同法19条 2 項の賠償の責めに任じない損害の額についての法理判例である。同項の損害の額について民訴法248条の類推適用により裁判所が相当な額を認定することができるとし、同条の不適用説を排除したことに規範的意義がある。もっとも、本判例の解釈手法に意義を見出すことは控えるべきである。

　(2)　本判例は、金商法19条 2 項の賠償の責めに任じない損害の額に係る民訴法248条の適用の要件などについては触れない。この部分については、何ら規範的価値はないが、実務においては、この部分に係る原審の認定判断にこそ意義があるはずである。

　本判例の規範性が及ぶ範囲ではないが、参考として記すと、原判決は、

他事情値下がりについて、公表日までの値下がり分の主張については肯定し、そのほか、市場要因または業界要因による値下がり、暫定的な開示による値下がり、公表日前後平均下落分と想定値下がりとの誤差、業界予想の下方修正による値下がりおよび本件有価証券報告書に起因する値下がりの主張については、業界予想の下方修正による値下がり分および本件有価証券報告書の虚偽記載に係るかさ上げ分を肯定したものの、その余については主張失当または立証不十分により否定した。公表日までの値下がり分については、「一般に、虚偽記載等が公表されていない間には、それ以前に正規の情報提供以外のルートを通じて虚偽記載等に係る事情が流布していたなどの特段の事情がない限り、」肯定され、本件においては、その特段の事情がないとした上、取得時価格391円から本件公表直前の株価361円までの下落した分30円を認定した。この部分は、容易に立証されるといえる。一方、業界予想の下方修正による値下がり分等については、損害の立証が困難であると判断した。その理由は、「一般に、その会社の業績予想の下方修正の公表によって株価が下降することは当然予想される」とした上、本件公表日後の株式の値下がりは9月28日付適時開示（過年度）と同日付適時開示（業績予想）とが相まって生じたものと見るのが相当で、株価下落分のうち本件業績予想の下方修正の開示の影響によるものを正確に把握することはできないので、本件業績予想の下方修正の開示による値下がりに係る具体的金額を証明することはその性質上極めて困難であるとし、金商法19条1項に基づいて算定される損害額の5割とした。また、本件有価証券報告書の虚偽記載に係るかさ上げ分についても、同様、同項に基づいて算定される損害額から業績予想の下方修正の開示による値下がり分を控除した残額の2割と認めるのが相当であるとした。

　これらの主張と判断から、民訴法248条の適用にあたって、損害額を「立証することが極めて困難であるとき」とされる場合の立証の程度と「相当な損害額」の認定過程がうかがえる。

　(3)　なお、有価証券報告書等に虚偽記載がされている場合の相当因果関係にある損害については、前掲最三小判平23.9.13がある。また、民訴法

248条については、先例として、最三小判平20.6.10（判時2042号5頁）および最三小判平18.1.24（金法1778号90頁）がある。

5　道具としての判例

（1）　本判例は、理論判例として法規範と同等に扱われる。今後の問題は、金商法19条2項が適用される場面において民訴法248条が適用され得ることを前提として、その当てはめに移ることになる。その場合に、金商法19条2項に規定する「他事情により生じたこと」の証明であり、その上で民訴法248条の損害額を「立証することが極めて困難であるとき」の立証であり、「相当な損害額」の認定が課題となる。

（2）　本判例は、道具としては、むしろ、第1、2審で争われたように、虚偽記載に当たるかどうか、その上で、民訴法248条の当てはめにおいて上記の立証などを促すことに価値がある。他事情によること、その損害の発生が困難であること、そして相当な損害額のいずれについても、直接の証拠による立証が難しいであろうから、その場合には、できるだけ多くの補強資料を提示することが肝要である。第三者の意見書についても、評価に重点を置くものよりも、例えば当該業界の状況や同種業態の株価の動きとの比較など客観的なものを提示するべきであろう。

（3）　社会が透明性を強く希求する時であるから、有価証券報告書等企業内容の開示については、本判例を1つの契機として、一層きめ細やかな配慮が求められることを確認しておきたい。

・・

第*11* 新株の発行

1 新株の発行　有利発行

　新株の発行は、既存の株主の利益にも大きく関わるので、法律に定める手続の遵守が厳しく求められる。発行側においては、その目的を丁寧に示し、募集等の手続の方法と時期を吟味し、事業計画等の策定手続を開示し、必要に応じて専門家の意見を徴し、取締役会の決議過程はもとより一連の過程を詳細に記録しておくように努めることが求められる。

　非上場会社が株主以外の者に新株を発行するに際し、その発行価額は、客観的資料に基づき合理的な算定方法によって決定されることが必要であり、上場会社においても、株主以外の第三者に対する株式のいわゆる時価発行における発行価額が「著シク不公正ナル発行価額」に当たらない場合として、価額決定にあたって、①決定前の株価、会社の資産・収益状態、配当状況等諸事情が客観的な資料に基づいて斟酌され、②算定方法が合理的であり、③発行価額が直前の市場価格に近接している場合で、かつ、④特段の事情がないときとされていることに留意する必要がある。

最一小判平27.2.19（民集69巻1号51頁・金法2020号58頁）

●判示事項

　非上場会社が株主以外の者に発行した新株の発行価額が商法（平成17年法律第87号による改正前のもの）280条ノ2第2項にいう「特ニ有利ナル発行価額」に当たらない場合

　非上場会社が株主以外の者に新株を発行するに際し、客観的資料に基づく一応合理的な算定方法によって発行価額が決定されていたといえる場合には、その発行価額は、特別の事情のない限り、商法（平成17年法律第87号による改正前のもの）280条ノ2第2項にいう「特ニ有利ナル発行価額」に当たらない。

1　判決の形成に至る経緯

　(1)　本件事案は、株主代表訴訟である。Xは、A社の株主であり、Yらは、A社の取締役である。A社は、平成16年3月当時非上場会社であった。

　A社は、同年2月に取締役会において、株式の種類および数を普通株式4万株、割当先として取締役Yら、1株1500円で新株発行を行う決議をし、同年3月に株主総会で、その旨特別決議がされたが、その際に「特に有利なる発行価額」に当たる旨の説明はされなかった。Xは、Yらに対して、この新株発行が商法280条ノ2第2項に定める「特ニ有利ナル発行価額」に当たるにもかかわらず、同項後段の理由の開示を怠ったとして、同法266条1項5号の責任を負うと主張した。なお、同法280条ノ2第2項は、会社法199条3項と同旨である。

　(2)　原判決（東京高判平25.1.30金法2020号66頁）は、次のとおり判断した。

　本件新株発行における公正な価額は、1株7000円を下らないから、1500円とする発行価額は「特ニ有利ナル発行価額」に当たる。なぜなら、A社の株式は、1株につき平成12年5月時点で1万円程度、平成18年3月時点で1株9000円程度、DCF法によれば平成16年3月時点で7897円と算定されるからである。なお、公認会計士の採用した配当還元法は、主として少数株主の株式評価において、安定した配当が継続的に行われている場合に用いられる評価手法であって、本件では相当性を欠く。

2 判決の形成

(1) 本判決は、判示事項記載の判断の前提として、①非上場会社の株価の算定については、様々な評価手法が存在し、その選定について明確な判断基準が確立されていないし、個々の評価手法においても、将来の収益など幅のある判断要素が含まれている、②取締役会が、新株発行当時、客観的資料に基づく一応合理的な算定方法によって発行価額を決定していたにもかかわらず、裁判所が、事後的に、他の評価手法を用いたり、異なる予測値等を採用するなどして、改めて株価の算定を行った上、その算定結果と現実の発行価額とを比較して「特ニ有利ナル発行価額」に当たるか否かを判断するのは、取締役らの予測可能性を害することともなり、相当ではない、と判示した。

(2) その上で、本件新株発行における発行価額は、一応合理的な算定方法によって決定されたといえるから、「特ニ有利ナル発行価額」には当たらないと判断した。その理由として、①A社は、平成15年11月の自己株式の処分に先立ち、B公認会計士に株価の算定を依頼したが、その算定は、決算書等各種の資料等客観的資料に基づいていたこと、②B公認会計士は、参加人の財務状況等から配当還元法を採用したが、不適切とはいえないこと、③B公認会計士の算定結果の報告から本件新株発行に係る取締役会決議までに4カ月程度が経過しているが、その間、A社の株価を著しく変動させるような事情はないこと、これに加え、④平成14年から15年頃にかけての、Y1その他の役員らによる退職者からの買取価格、A社によるY1からの買取価格、Y1が従業員らに対して購入を募集した時の価格、株主総会決議で変更された新株引受権付社債の権利行使価額および自己株式の処分価格がいずれも1株1500円であったこと、そして、⑤A社の業績は、平成12年5月以降は下向きとなり、しばらく低迷した後に上向きに転じ、平成18年3月には再度良好となったもので、本件新株発行における発行価額と平成12年5月および平成18年3月当時の株式の価値と単純に比較することは相当でなく、他に特別の事情に当たる事実もないことを指摘した。

3　本判決の趣旨

（1）　本判決の趣旨について、「特ニ有利ナル発行価額」という概念自体が、会社法によくある包括概念であるから、解釈規範を示す好例である。しかしながら、本判決の要件事実の捉え方や場合判例における当てはめ要件の事実として何を捉えているのかについて疑問がある。

（2）　まず要件事実の関係から本判決を見る。本判決は、取締役の善管注意義務違背の存否について判断するもので、その訴訟の構造は、第8・1「3　本判決の趣旨」において示した。Xは、注意義務違背の内容として、特に有利な金額による発行をした場合には説明義務があることを前提として、その義務の発生事実として新株発行の価額が公正ではないと主張し、その間接事実を提示した。これに対して、Yらは、説明をしなかった事実は認めたものの、説明義務の発生事実を否認した上、積極的に公正価額を証する間接事実を示して反論した。その争い方は、異としない。

（3）　これに対して、本判決は、注意義務の発生の事実として、価額が公正であるかどうかについて判断するにあたり、その間接事実として価額の決定における過程に依拠したのであるが、間接事実の取り上げは、当事者の主張がない場合であっても自由心証として許されるから、違法ではない。

もっとも、公正な価額であること自体を争うことまで否定するのか、あるいは、取締役の注意義務として判示したものか必ずしも明らかではない。本判決が、前記のとおり、他の判断手法によることを相当でないとしていることからすると、前者については、否定するものであろう。しかし、その理由付けはいささか疑問である。裁判所が、「有利な価額」であるかどうかについて「事後的に」判断することを否定するが、裁判所が口頭弁論終結時の結果に基づいて事後的に判断することは当然のことである。また、その方法について、「取締役らの予測可能性を害することともなり、相当ではない」ことを掲げているが、これは、善管注意義務に係る事項に思われる。

商法280条ノ2第2項に定める「特ニ有利ナル発行価額」の意義につい

て、公正な価額よりも特に低い価額をいうとされるが、一般的に、公正な価額とする判定は容易ではなく、特に、非上場会社の株価の算定法は多種あり、いずれをどのような場合に採用するかについて見解が確立しているわけではなく、実務においても定まっていない。このことは、本判決の述べるとおりである。であるからといって、公正な価額、有利な金額が算定不能とするわけにはいかないのである。本判決は、現在の知見をもとにすれば、公正価額の立証が一般的に困難であるので、立証方法または評価障害事実の一例として示したものといえる。判決要旨も、「非上場会社が株主以外の者に新株を発行するに際し、客観的資料に基づく合理的な算定方法によって発行価額が決定されていたことを証明した場合には、その発行価額は、特別の事情のない限り、「特ニ有利ナル発行価額」に当たらない」とするか、あるいは、取締役会の判断についての判旨として、「取締役会において客観的資料に基づく合理的な算定方法によって発行価額が決定されていた場合には、特別の事情のない限り、「特ニ有利ナル発行価額」による発行に当たらない」とすればよい。

(4) 原判決が公正な価額は1つしかないとの前提で判断したと批判する意見があるが、必ずしもそうではあるまい。原判決は、あくまで法律の規定に従い、実体要件としての公正な価額が厳としてあり、それを著しく下回る価額を特に有利な価額であると忠実に捉えたもので、その価額には一定の幅があることを前提としても、それを超えるものが違法であることは間違いない。概念に幅があること、評価規範の当てはめにおいて評価方法が確立していないことは通常あり得ることであり、その場合には評価根拠事実と評価障害事実を示して争われることも通常であり、自由心証として証明方法を拘束するものではあるまい。評価手法が客観化して高度化してきた場合に、あたかも医学的知見が科学の発達に応じて変わり得るように、別途の立証方法にゆだねることが可能となる場合もある。

また、本判例の解説が、原判決について、新株発行における公正な価額について「当事者双方に主張立証をさせた」ことを指摘するが、提出された主張がたとえ裁判所の促しによるものであっても口頭弁論に上程された

結果によるものであるから、相当ではない。おそらく判断手法であること
を強調したかったのであろう。

　各種売買価格の決定の場面と過去の新株発行の発行価額の当否を検討す
る場面とは異なり、後者においては、裁判所に求められているのは、事後
的な公正な価額の当てはめではなく、当該価額の決定が合理的であったか
どうかであるという見解がある。本判例もそれに基づいていることがうか
がえる。しかし、この相違は、相対的なものである。前者の場合において
も、売買価格の決定にあたり第三者の鑑定的意見を得ているのが通常であ
り、その手法の合理性と客観的資料に基づいて判断することが相当である
場合もあり得るので、必ずしも裁判所による鑑定を経なければならないも
のではあるまい。

　⑸　本判決における「一応合理的な方法」の意味を解することは難し
い。そもそも「一応」というのは法的概念ではない。事実上の推定をいう
ものと誤解されかねない。本件では、公認会計士による算定が該当するこ
とは明らかであるが、担当部長と面談したこと、さらにB公認会計士によ
る算定における評価や論理の運びも当たるとするのか明瞭ではない。次
に、「客観的資料」としては、①決算書等、②法人税確定申告書等、③過
去の株式売買実績例等、④相続税路線価による保有土地の評価資料等が挙
げられているが、この点に異論はあるまい。

　むしろ、本判例の当てはめの説示部分で、①公認会計士の結果報告から
取締役会決議まで４カ月経過しているものの、その間株価を変動させるよ
うな事情がないことと、②買取価格等が同一価格であることを合理的な算
定方法であることの間接事実としているが、これらの事実はいずれも判断
の過程・手続の資料ではなく、公正な価額の実体に関する事実であるか
ら、これを合理的な方法の間接事実として位置付けることは本判例の趣旨
に符合しない。

　なお、後記４⑵の先例においても判決文では「一応」と記述されている
が、判決要旨では削られている。おそらく法律用語としてはふさわしくな
いとされたものであろう。

(6)　残された問題として、判決要旨にいう「特別の事情」として、どのようなことが考えられるかがある。本判決は、特別の事情として、新株発行の前後の株価の推移を取り上げて、他に特別の事情に当たる事実もうかがえないと説示していることからすると、算定にあたって看過すべきでない事実を看過したように、あくまで算定手法に対する評価障害事実ということになろうか。本判決が、前記のとおり、有利な金額の判断手法として位置付けているのか、取締役の判断の適否として位置付けているのかに応じて特別の事情も異なってくる。本判決は、何となく後者を採るようにうかがわれる。前者の場合には評価の公認会計士と会社との関係、後者の場合には新株発行の歪んだ動機などが、合理性についての反証ということになろう。

(7)　次に、場合判例の関係から本判決を見る。場合判例においては、当てはめ事実が明確に示される必要があるが、本判決について、判決要旨に記載のとおり、場合判例の適用される要件の事実として、「客観的資料に基づく一応合理的な算定方法によって」決定されたことを掲げるが、その要件は決して明瞭とはいえない。典型的な場合判例、例えば、最三小判平8.11.12（民集50巻10号2673頁・金法1472号45頁。複数契約のうちの1の契約の債務不履行の場合の解除）と比較すれば、明らかであろう。しかも、本判決は、確定した事実として様々な事実を掲げ、いずれの事実が間接事実として寄与しているのであろうか不明である。法律審として事実を選別すべきである。

4　判例としての意義と規範性

(1)　本判例は、非上場会社の事例における場合判例として提示されたので、その規範性は、非上場会社の事例に限られる。上場会社については、後記のとおり既に先例がある。場合判例の適用される規範部分としての要素事実については、前記のとおりやや曖昧である。

(2)　上場会社に関する判例との関係も検討しておかなければならない。最三小判昭50.4.8（民集29巻4号350頁・金法756号32頁）は上場会社の事案

において、判示事項を「株主以外の第三者に対する株式のいわゆる時価発行における発行価額が「著シク不公正ナル発行価額」にあたらない場合」として場合判例として提示し、判決要旨において、その当てはめの要件として、価額決定にあたって、①決定前の株価、会社の資産・収益状態、配当状況等諸事情が客観的な資料に基づいて斟酌され、②算定方法が合理的であり、③発行価額が直前の市場価格に近接している場合で、かつ、④特別の事情がないときと画定した。最三小判昭51.3.23（金法798号36頁）もほぼ同旨である。これらの判例の「判断手法」と本件のそれが同一であるとされるがいかがであろうか。むしろ、この判例の判決文を見れば、また、上記③の要件からしても、さらにその判例解説で価額の公正性が「推定される」と説明されているように、判断手法として特別のものを示したものではなく、上場会社においては、市場価格が存在することによるものであろうが、公正な発行価額について実体要件についてのごく普通の判断をしたとも読めるのである。

5　道具としての判例

（1）　本判例は、非上場会社の有利発行の事例において、場合判例の当てはめとして使用価値があることは間違いない。もっとも、場合判例の当てはめにおいて、「場合」の適用要素が、曖昧なだけに、その当てはめ事実をめぐって適用範囲が広範になる余地がある。

（2）　次に、前記のとおり、立証の方法として意義があるから、これらの分野、例えば、実体要件について立証方法が確立していない場合において、実体要件に代えて手続の正当性を主張立証することに応用が利くかもしれない。また、判断手法として広がりがあるので、経営判断の適否の判断の場面において使い得る余地がある。進んで、上場会社においても、または売買価格の決定の場面でも、事情によっては、応用し得るかもしれない。いずれの場合にも、専門家の意見を徴しておくことが必須である。

（3）　前記のとおり本判例の読み方によっては、公正な価額としてあまりに不当である場合には、実体要件として争う方法を採ることも可能であ

る。

(4) そのほか、特別の事情として、2種のものを用意することが考えられる。算定過程における特別事情と取締役会の判断過程における特別事情である。

・・

2 新株発行の差止め

　新株の発行について、会社が法令や定款に違反し、または著しく不公正な方法で行い、これによって株主が不利益を受けるおそれがある場合には、株主は会社に対して新株の発行の差止めを請求することができる。

　支配権に争いがある場合における新株発行は、仮処分の申立てによって差止めが求められることが多い。仮処分手続では、実体について緻密な審理判断をするには時間の制約があることを考えれば、審理においても判断においても、募集等の手続の方法、事業計画あるいは資金返済計画の策定の手続、反対取締役との交渉の経緯など手続の面をより重視して進められることを考慮しておくべきである。本決定は、新株の不公正発行の判断基準などが注目されるのみならず、仮処分の審理における手続の追行においても参考になる。

東京高決平29.7.19（金判1532号57頁）

●判示事項
1　会社法210条2号に規定する「著しく不公正な方法」の趣旨
2　新株発行について、著しく不公正な方法による発行には当たらないとされた事例

1　決定の形成に至る経緯

(1)　Y（債務者）は、石油精製および油脂製造業等を目的とする東証一部上場会社で、その発行済株式総数は1億6000万株である。Xら（債権者）は、Yの株主で、発行済株式総数の約33.92%に相当する5427万2400株を保有する。

(2)　Yは、平成29年7月3日、取締役会において、調達資金上限を1385億3300万円として普通株式4800万株を公募により発行する旨の決議を行い、その旨を公表した。なお、同月12日に、申込期限が同月13日から14日に変更され、払込期日が同月20日と定められた。

Xらは、上記決議の翌日、本件新株発行が著しく不公正な方法により行われる場合に該当するとの理由で、現に発行手続中の新株発行を仮に差し止める命令の申立てを行った。

(3)　事実関係は、以下のとおりである。

a　XらとYとの対立に関する事情

(a)　Yは、平成27年7月30日、昭和シェルの株式1億2526万1200株を1株当り1350円で取得する旨の取締役会決議を行い、同社との経営統合に向けて協議を進める合意が成立していることなどを公表するとともに、Xらに対して、経営統合に関する説明をした。その上で、Yは、同年11月12

日、同社との間で、合併を基本方針とする経営統合に関する基本合意書を交わし、その旨を公表した。

(b) YとXらとの間で話し合いが続けられたが、Xらは、株式希薄化等の問題から合併に反対である旨の意見を述べた。XらのうちAは、平成28年8月3日、経営統合に反対する意向であること、昭和シェル株式の取得を断念させるためにその株式40万株を取得したことなどを記載した文書を公表した。これに対し、Yは、同月15日、昭和シェルとの経営統合につき十分な合理性があり、適切な意思決定プロセスを経ている旨を確認したことなどを公表した。

(c) その後、Xらは、平成29年3月、Yに対して、経営戦略を早急に策定し遂行するよう求める旨の申入書を送付し、さらに、同年6月5日付で、Yの株主に対し、Dら5名の取締役が経営統合を無理に進行させる危険があるなどとして、定時株主総会においてDら5名の取締役選任議案に反対することに賛同してほしいなどと記載した書簡を送付した。

(d) Yは、平成29年6月29日、定時株主総会において、Dら12名の取締役の選任議案を提出し、いずれも可決されたが、選任に反対を呼びかけられたDら5名の取締役の賛成の割合は、その余の7名の取締役の賛成の割合が約98％であったのに比べ、約61％程度であった。

b Yによる昭和シェルの株式取得の事情

(a) Yは、平成28年12月19日、取締役会の決議を経た上、ロイヤル・ダッチ・シェルの子会社から、昭和シェルの株式1億1776万1200株を代金1589億7800万円（1株当り1350円）で買い受ける株式譲渡契約を締結した。なお、Yが取締役会で昭和シェル株式の取得を決議した平成27年7月30日の前日の同株式の株価は1株1102円であった。

(b) Yは、公正取引委員会の企業結合審査が継続中であるとして、昭和シェル株式の取得時期を3度にわたり変更し、最終的に平成29年1月とする旨公表した。

c 本件株式取得のための資金調達の事情

(a) Yは、平成28年12月16日、本件株式取得のために、三井住友銀行か

ら、後述のブリッジローン契約に基づき、弁済期を翌29年12月18日として、1690億円を借り入れた。

(b) その前に、Yは、平成27年8月6日、同銀行との間で、1700億円を限度額として、弁済日を貸付実行日の1年後とする旨のブリッジローン契約を締結し、その後、平成28年3月31日、その借入金の借換資金の調達のため、他の5金融機関から合計1000億円を借り入れる旨の劣後特約付金銭消費貸借契約（本件劣後ローン契約）を締結していた。

d 本件新株発行によるXらの持株比率

本件新株発行によって、Xらの持株比率は、約26.09％となる。この場合に、Xらが現在の持株比率を維持するためには、本件新株発行の際に約470億円を払い込む必要がある。

e Yにおける公募増資の検討状況

Yは、平成24年4月頃、強固な財務基盤を構築するための財務改革として、800億円以上の規模で公募増資を行うことを検討し、その後も、平成26年にかけて証券会社を交えて公募増資の実行を検討したが、実施するに至らなかった。その後、平成29年3月期には業績が改善し、株価も高水準で推移している。

2 決定の形成

本決定は、以下のとおり判断した。

(1) 会社法210条2号の「著しく不公正な方法」とは、不当な目的を達成する手段として株式発行が利用されることをいう。

そして、会社の支配権につき争いがあり、現経営陣が、支配権を争う特定の株主の持株比率を低下させ、もって自らの支配権を維持・確保することなどを主要な目的として新株発行をするときは、当該株式発行は不当な目的を達成する手段として行われる場合に当たる。

(2) 本件新株発行の主要な目的が、資金調達ではなく、Yの支配権をめぐる実質的な争いにおいて自らを有利な立場に置くことにあるとまで断ずるに足りる疎明資料はなく、被保全権利の疎明がない。

a　XらとYの5名の取締役とは、昭和シェルとの経営統合の当否を中核として、支持する株主を巻き込んで、Yの支配権を争う関係にあった。Yの経営陣には、本件新株発行により、Xらの持株比率を相当程度減少させ、同社との合併のための特別決議が拒否される状況を解消し、Xらとの交渉等を円滑に進める、支配権をめぐる争いにおいて自らを有利な立場に置くとの目的が存在したものと推認される。

　b　一方、Yが、本件新株発行後、Xらの反対を押し切って、昭和シェルとの合併承認議案を目的とする臨時株主総会を招集するなどの行動に出る可能性が高いとは認められない。

　c　本件新株発行は、公募方式によって行われたが、公募増資は、第三者割当増資の場合に比して、取締役に反対する株主らの支配権を減弱させる確実性は弱い。公募増資のこのような制約ないし事情は、Y経営陣の前記の目的が新株発行の唯一のまたは主要な目的であるか否かを判断するにあたって考慮する必要がある。

　d　Yの資金調達について見ると、戦略投資については必要性を認め難い。また、財務体質改善等を目的とすることが認められるのみならず、本件ブリッジローン契約に基づく借入残金の弁済期が迫っていることからすると、その返済資金を用意する必要性は明らかで、資金調達の合理性はある。なお、他の資金調達手段が存在することから直ちに本件新株発行による資金調達の必要性・合理性が失われるわけではない。また、株主割当による方法は、資金調達の規模が制限され、相当規模での増資の目的を達成することができない。

3　本決定の趣旨

(1)　本決定は、新株の不公正発行に係るもので、その判断過程は、従来の裁判例（東京地決平元.7.25判時1317号28頁ほか）に沿う。

(2)　決定要旨1は、会社法210条2号の規定の趣旨について、従来の裁判例を踏襲するもので、通説である。

(3)　続いて、本事案が会社の支配権に争いがある場合であることを踏ま

えて、いわゆる主要目的ルールを確認する。もっとも、この部分は、説得付けとして提示されているにすぎないとも読める。

その上で、本決定は、この部分を下敷きとして、多数の間接事実を摘出して判断する。要するに、本件新株発行について、①経営統合に関して、会社において支配権の争いがあること、②経営陣において自ら有利な立場に置くとの目的が存在すること、③一方、公募増資の方法によっていること、資金調達の必要性があることなどを指摘して、②の目的があったとまでは断定できないとする。もっとも、規範的要件の当てはめにおいて、認定された多数の間接事実のうち、いずれの事実を意義あるものと見ているのか必ずしも明らかではない。

(4)　本決定の理由中、公募増資の一般的性質についての判断に異論はあるまい。また、資金の必要性についての判断は事実認定であるが、正当と評価してよいであろう。

なお、資金の必要性に関して、一部差止めで足りるとする見解があるが、返済資金の全体に及ぶことが認定され、また、新株発行の一体性に照らしても、採り得ない。また、債務を自ら発生させながらその資金返済の必要性を唱えることを批判する意見があるが、たとえ債務の発生について取締役の一部に反対があったとしても、会社としての意思形成がされたのであるから、失当である。そのほか、資金調達の必要性について、緩やかな判断がされていると見る見解は、本決定を正解しない。

4　裁判例としての意義と規範性

(1)　本決定は、裁判例であり、しかも仮処分による判断であるだけに規範化には特に注意を要する。

(2)　決定要旨1は、通説を採用するもので、下級審においては認知されている。

次に、「主要目的ルール」として示された部分は、前記のとおり、説得付けの理由として提示された趣があり、安易に一般化することは避けるべきである。あくまで「著しく不公正な方法」という規範的要件の当てはめ

であり、支配権の争いがあることも一事情として、他の事情と総合して判断されるべきである。さもなくば、支配権の争いがある場合に、その事実だけをもって支配権維持の目的を推認したり、あるいは資金需要等に係る事情を後順位に置くなど硬直的な判断をしかねないからである。

　(3)　そこで、不公正発行の規範的要件に係る主張について見ると、①Ｘは、新株発行が著しく不公正であること、ひいては不当な目的を達成するためのものであることを主張し、その間接事実として、例えば経営権の支配を企図していること、さらにその裏付け事情として取締役選任のための株主総会の開催を計画していることなどを指摘する。②Ｙは、主張事実を否認した上、評価障害事実として、目的が資金繰りなど企業の適正な運営にあること、株式が不当に買い占められていること、新株発行の方法として公募が選択されていること、反対株主等との交渉が適切であること、債務返済や事業計画等の策定・提示の手続に遺漏がないことなどを指摘する。この場合において、あらゆる行為が目的と手段から成り、しかも、両者が相互に密接に関わっているように、新株発行の適法性についても、両者を併せて判断するのが相当である。発行目的の実体についての判断が、経営判断に係る評価的要素が多いゆえに困難であることからすると、手続面の事情を重視してよいと考えられる。例えば、本件において、手段として公募方式が選択されたこと、経営統合に関して反対側と交渉が重ねられ、株主にもその旨公表されてきた事実などは、目的について判断するにあたっても考慮されてよいであろう（東京高決平16.8.4金法1733号92頁参照）。とりわけ、仮処分手続では、実体について緻密な審理判断をするには時間の制約があることを考えれば、手続面をより重視して進めるのがよい。

　本決定において、「債務者は本件新株発行計画の策定の経緯やその合理性につき十分な説明をする責務を負う」という指摘は、手続面を考慮したものと読み取ることもできる。なお、この説示部分を捉えて、立証責任について特別の意味を見出そうとする見解があるが、相当ではない。

5 道具としての裁判例

（1）　本裁判例は、支配権に争いがある場合における新株発行に一事例を加えるものである。本裁判例を先例として使うにあたっては、多数の間接事実の中で意味のある事実がどれであるかが探索されなければならない。

　発行側においては、裁判では、不当目的であると判断されることがまれであるとしても、その目的を丁寧に示し、募集等の手続の方法と時期を吟味し、事業計画等の策定手続を開示し、必要に応じて専門家の意見を徴し、取締役会の決議過程はもとより一連の過程を詳細に記録しておくように努めることが求められる。

（2）　審理の面から見れば、本件の仮処分手続は、取締役会決議の翌日の平成29年7月4日に申立てがされ、同月7日および10日に審尋が行われた上、18日に決定があり、それに対して、同日に即時抗告がされ、払込期日の前日である翌19日に抗告審決定があった。このような審理経過は通常で、保全裁判所は、納期、例えば新株発行の差止めにおいては、その引受期間の満了日を目指して審理計画を立て、抗告審におおむね1日から数日を確保して、決定時期を見定める。したがって、仮処分に有利な決定を得ようと思えば、これらの納期を意識した審理活動が求められるとともに、とりわけ原審における決着を図ることに注力すべきである。当事者においては、必要に応じて、決定時期について意見を述べることがあってもよい。

　保全手続の追行にあたっては、前記のとおり、募集等の手続の方法、事業計画あるいは資金返済計画の策定の手続、反対取締役との交渉の経緯など手続の面に焦点を当てることも考慮すべきである。

（3）　そもそも、仮処分の審理においては、迅速性を考慮して、主張または争点を絞りきるべきである。特に規範的要件を争う場合には、間接事実としていかなる事実を提示するか厳しく選別する必要がある。本件において、資金の必要性について、主張された11件の戦略投資のうち10件が排除されているように、当事者においては、見通しを尽くし、極力ベストな主張を絞り込むべきであり、裁判所においても、不要な判断を避けるべく、

場合によっては主張の撤回を求めるなどして争点整理を促すべきである。あらゆる裁判に通有することであるが、弁論主義によって当事者の主張に従わなければならないとはいえ、いたずらに当事者の主張に引きずられることは好ましくない。事案と手続に応じた適正規模の審理があるはずで、著名な会社の支配権の争いであるからといって、むやみに事件規模を大きくすべきではあるまい。

第*12* 株式価格の決定

　株式等の公開買付けにおいて、公正な株式の価額の算定をめぐって非訟決定手続で争われる。組織再編等に伴う株式価格については、今後とも、裁判で争われることが予想される。

　株式の評価は、市場価格のある株式と市場価格のない株式では考慮すべき要素も異なってくるが、いずれの場合にもその作業はなかなか困難である。公正な株式の価額の算定にあたっては、買付価格や組織再編比率等が決定されるに至る手続が公正であったかどうかが重要な要素とされるであろうから、第三者委員会の設置や専門家の選出など意思決定過程について丁寧な手続を踏む必要がある。

最一小決平28.7.1 （民集70巻 6 号1445頁・金法2060号74頁）

◉判示事項

　株式会社の株式の相当数を保有する株主が当該株式会社の株式等の公開買付けを行い、その後に当該株式会社の株式を全部取得条項付種類株式とし、当該株式会社が同株式の全部を取得する取引において、上記公開買付けが一般に公正と認められる手続により行われた場合における会社法（平成26年法律第90号による改正前のもの）172条 1 項にいう「取得の価格」

◉決定要旨

　株式会社の株式の相当数を保有する株主が当該株式会社の株式等の公開買付けを行い、その後に当該株式会社の株式を全部取得条項付種

類株式とし、当該株式会社が同株式の全部を取得する取引において、独立した第三者委員会や専門家の意見を聴くなど当該株主または当該株式会社と少数株主との間の利益相反関係の存在により意思決定過程が恣意的になることを排除するための措置が講じられ、公開買付けに応募しなかった株主の保有する上記株式も公開買付けに係る買付け等の価格と同額で取得する旨が明示されているなど一般に公正と認められる手続により上記公開買付けが行われ、その後に当該株式会社が上記買付け等の価格と同額で全部取得条項付種類株式を取得した場合には、上記取引の基礎となった事情に予期しない変動が生じたと認めるに足りる特段の事情がない限り、裁判所は、上記株式の取得価格を上記公開買付けにおける買付け等の価格と同額とするのが相当である。

1 決定の形成に至る経緯

(1) 本件事案は、全部取得条項付種類株式の取得に反対した株主が、会社法172条1項（平成26年法律第90号による改正前のもの）に基づき、全部取得条項付種類株式の取得の価格の決定を申し立てた事案である。

(2) 本件事実関係は、以下のとおりである。

①Xらは、Y社の株主である。A社およびB社は、Y社の総株主の議決権の70％以上を所有していた。Y社の普通株式は、大阪証券取引所のJASDAQスタンダード市場に上場されていた。②A社およびB社は、株式を全部保有することなどを計画し、他の1社とともに、買付価格を1株につき12万3000円（本件買付価格）として、Y社の普通株式（本件株式）および新株予約権の全部の公開買付けを行うこと、その全部を取得できなかったときにはY社が本件株式を全部取得条項付種類株式とする定款の変更を行うなどしてその全部を本件買付価格と同額で取得することを公表した。同日、Y社は、株主等に対して、公開買付けに対する応募を推奨する旨の意見を表明した。③Y社は、その後に開催された株主総会および種類株主総会で、Y社の普通株式を全部取得条項付種類株式とする旨定款を変

更して、Ｙ社においてその効力発生日を取得日として、全部取得条項付種類株式の全部を取得することを決議し、同決議に基づき定款変更の効力が生じ、Ｙ社は、その日に、全部取得条項付種類株式の全部を取得した。④なお、Ｙ社は、上記の公表に先立ち、本件公開買付けに係る意思決定からＡ社およびＢ社と関係の深い取締役を排除して両社と関係がないか関係の薄い取締役３人の全員一致で決議するとともに、法務アドバイザーに選任した法律事務所から助言を受け、財務アドバイザーに選任した証券会社からは、本件株式の価値が１株につき12万3000円を下回る旨の記載のある株式価値算定書を受領するとともに、本件買付価格は妥当である旨の意見を得ていた。さらに、Ｙ社は、有識者により構成される第三者委員会から、本件買付価格が妥当である上、株主等に対する情報開示の観点から特段不合理な点は認められないなどの理由により、本件公開買付けへの応募を株主等に推奨する旨の意見を表明することは相当である旨の答申を受けていた。⑤Ｘらは、本件総会に先立ち、上記の決議に係る議案に反対する旨をＹ社に通知した上、本件総会で同議案に反対した。

　(3)　原審（東京高決平27.10.14金判1497号17頁）は、以下のとおり判断した。

　取得の価格は、１株につき13万206円であって、本件買付価格を取得の価格として採用することはできない。その理由は、本件買付価格は、基本的に株主の受ける利益が損なわれることのないように公正な手続により決定されたものであり、本件公開買付け公表時においては公正な価格であったと認められるものの、その後の各種の株価指数が上昇傾向にあったことなどからすると、取得日までの市場全体の株価の動向を考慮した補正をするなどして取得の価格を算定すべきであるからである。

2　決定の形成

　(1)　本決定は、二段階キャッシュアウト取引における取得の価格について、決定要旨に記載のとおり、判断した。

　(2)　決定要旨に至る理由は、以下のとおりである。①二段階キャッシュ

アウト取引においては、多数株主または当該株式会社と少数株主との間に利益相反関係が存在するので、公開買付けが一般に公正と認められる手続により行われた場合は、公開買付けに係る買付け等の価格には、多数株主等と少数株主との利害が適切に調整された結果が反映されている。したがって、その場合の買付け等の価格は、全部取得条項付種類株式の取得日までの期間はある程度予測可能であることを踏まえて、上記取得日までに生ずべき市場の一般的な価格変動についても織り込んだ上で定められているといえる。②上記の場合において、裁判所が、上記買付け等の価格を採用せず、公開買付け公表後の事情を考慮した補正をするなどして改めて株式の取得の価格を算定することは、当然考慮すべき事項を十分考慮しておらず、本来考慮することが相当でないと認められる要素を考慮するもので、合理的な裁量を超えている。③その上で、本件の一連の取引においてその基礎となった事情に予期しない変動が生じたとは認められないから、取得の価格は本件買付価格と同額となる。

　なお、②の部分は、原審の判断を意識したものであろう。

3　本決定の趣旨

（1）　本決定は、二段階のキャッシュアウト取引における取得の価格について判断した初めての判例である。

（2）　その場合の取得の価格を買付価格と同額とする要件として、①積極要件に、公正と認められる手続により公開買付けが行われていることおよびその後に当該株式会社が上記買付け等の価格と同額で全部取得条項付種類株式を取得したことを挙げ、公正と認められる手続の要素として、(i)独立した第三者委員会や専門家の意見を聴くなど意思決定過程が恣意的になることを排除するための措置が講じられていること、(ii)公開買付けに応募しなかった株主の保有する上記株式も公開買付けに係る買付け等の価格と同額で取得する旨が明示されていることを掲げ、②消極要件に、取引の基礎となった事情に予期しない変動が生じたと認めるに足りる特段の事情がないことを挙げる。積極要件は、公開買付けの取引における構造的な利益

相反関係に照らして、多数株主等と少数株主との対立利害関係者間の調整のための意思過程を尊重するものといえる（経済産業省「企業価値の向上及び公正な手続確保のための経営者による企業買収（MBO）に関する指針」参照）。

　もっとも、判示事項には、決定理由および決定要旨における「その後に当該株式会社が上記買付け等の価格と同額で全部取得条項付種類株式を取得した場合には」の記載が欠落する。この部分は、当然に求められる条件とはいえ、判示事項においても、「一般に公正と認められる手続により公開買付けが行われている場合で、当該株式会社が上記買付け等の価格と同額で全部取得条項付種類株式を取得したとき」と挿入されるべきであろう。

　(3)　なお、本決定は、判示事項においては、理論判例のように、「取得の価格」と表示しながら、決定要旨においては、「取得価額は、上記買付け等の価格と同額とする」としないで、「裁判所は、上記株式の取得価格を上記公開買付けにおける買付け等の価格と同額とするのが相当である」としている。おそらく、非訟事件の性質を考えて、形成的判断の枠組みを示したものであろうが、このことは当然の理であるから、先例の決定要旨（例えば、最二小決平24.2.29民集66巻3号1784頁・金法1956号100頁）と同様に、実体要件として明示すべきであろう。

　また、本決定の引用する最一小決平27.3.26（民集69巻2号365頁・金法2026号76頁）は、非上場会社間の吸収合併において株式買取請求がされた事案で、収益還元法により買取価格を決定する場合に非流動性ディスカウントを行うことはできないとしたものである。その引用箇所は、理由中の「その評価手法の内容、性格等からして、考慮することが相当でないと認められる要素を考慮して価格を決定することは許されない」との部分であると思われるが、趣旨を異にするもので適切とはいえまい。

4　判例としての意義と規範性

　(1)　本決定は、二段階キャッシュアウト取引における取得の価格につい

て、公正な手続を履践した場合に、買付価格をもって相当とすると明示したことに意味がある。

　(2)　本決定は、「公正と認められる手続」として、第三者委員会や専門家の意見を聴くことを例示するが、意思決定過程が恣意的になることを排除する趣旨からみて、第三者委員会や専門家とも、その設置過程や人選において経営陣から実質的に独立していることが必要であり、さらに、買収者と対象会社との交渉過程において自主性が担保されることが求められ、「強圧的な効果」を与えるものであってはならない（最三小決平21.5.29金判1326号35頁参照）。合意の過程を重視したものであるから、それだけに過程の手続の公正さについて慎重に判断される必要がある。

　本決定にいう「株式会社の株式の相当数を保有する株主」については、必ずしも明らかではないが、株主総会の特別決議を要する議案を単独で可決可能な議決権を有する株主が想定される。また、本決定の指摘する特段の事情については、取引の基礎となった事情に予期しない変動が生じたことを挙げるが、取得日が予定されていた取得日よりも相当遅くなった場合、取得日までに、例えば予想外の不祥事や投機的な株価変動等が生じた場合などが指摘される。さらに、公正な手続が確保されなかった場合の取得の価格については、当該取引がなかった場合に株式の有したであろう価格と当該取引によって増大が期待される株式の価格について、適正な方式を選択して客観的価格として求められることになるであろう。

　(3)　本決定には補足意見が付されている。まず、裁判所の合理的な裁量のあり方についての説示は、既に多くの先例が示すところであるが、全部取得条項付種類株式の取得の価格の決定につき確認したものであろう。次に、前掲最二小決平24.2.29を引用する箇所については、手続を重視する立場を裏付けたものであろう。それに続いて、「一般に公正と認められる手続が実質的に行われたか否か」に加えて「買付価格が…公正な価格といえるか否かを認定することを要し」として、あたかも公正な価格の実体要件を付加条件のように説示するのは誤解を招きかねない。さらに、「公正な手続等を通じて買付け等の価格が定められたと認められない場合には、

裁判所…は市場株価分析によらざるを得ない」との部分は、当然の事理である。補足意見一般の趣旨については、第2・3、第3・1の「4　判例としての意義と規範性」において触れたとおりであるが、本決定の補足意見には、格別のメッセージを見出すことはできない。

　(4)　最後に、従来の判例との関係を検討しておく。

　全部取得条項付種類株式の取得価格については、既に3件の最高裁決定（前掲最一小決平21.5.29、最一小決平23.6.2 LLI/DB判例秘書（L06610249。第1審＝東京地決平21.9.18金判1329号45頁）および最三小決平23.5.31 LLI/DB判例秘書（L06610250。原審＝名古屋高決平22.10.13同L06521062））があるが、いずれも例文または例文に準じる処理がされていて、もとより判例と扱われていない。これらの決定について、一部の評釈の説くように、一貫したものと捉えることができるかは疑問で、むしろ手続的側面よりも増加価値分配価格を十分に織り込まれていることなど実体面を重視しているようにも思われる。もっとも、前掲最三小決平23.5.31の原決定は、「独立当事者間において合理的な根拠に基づく交渉を経て合意に至った」ことを付加的に理由に掲げている。

　次に、株式対価型組織再編における株式価格決定の判例を通覧すると、第1に、株式価格は裁判所の合理的な裁量に基づいて算定され（最一小決昭48.3.1民集27巻2号161頁・金法685号25頁、最三小決平23.4.19民集65巻3号1311頁・金法1933号100頁ほか）、第2に、企業再編等によりシナジーその他の企業価値の増加が生じない場合には、買取請求日における「ナカリセバ価格」（当該組織再編を承認する株主総会決議がされることがなければその株式が有したであろう価格）とされ（前掲最三小決平23.4.19、最三小決平23.4.26金法1933号95頁）、第3に、企業価値が増加する場合には、組織再編計画において定められた組織再編比率が公正なものであったならば当該株式が買取請求日に有しているであろう価格であり（前掲最二小決平24.2.29）、第4に、相互に資本関係がない場合の会社間の組織再編比率については、決定に至る手続が公正であった場合には、特段の事情のない限り、公正と推認する（同決定）。特に、同判例は、公正な価格の算定にあたっては、組

織再編比率の決定に至る手続が公正であったかどうかの手続基準を掲げた上、その要素として、株主の判断の基礎となる情報が適切に開示されたこと、株主総会の手続が適正であることを示したもので、本決定の趣旨に通じる。

5　道具としての判例

(1)　本決定は、手続の重視の趣旨において、全部取得条項付種類株式の取得の価格の決定はもとより、株式対価型組織再編等の株式価格決定にも影響を与えるであろう。一方、その趣旨は、特別支配株主による株式等売渡請求による売買価格の決定や非上場会社に求められる公正な手続にも妥当する余地があるといえるが、会社法の規律に照らせば当てはめにあたっては慎重を要する。

(2)　公正な株式の価額の算定にあたっては、今後とも買付価格や組織再編比率等が決定されるに至る手続が公正であったかどうかが重要な要素とされるであろうから、主張する側は、意思決定が恣意的になることを排除するための措置そのほか決定過程についてきめ細かく主張し、相手側は、第三者委員会の構成や専門家の選出など提示された過程の一々に対して評価障害事実を示すとともに、特段の事情として、市場における特異な事情を探索することが求められる。裁判所にあっては、決定の過程と市場の変動等について、丁寧に判断するべきである。証拠関係では、株式価格の算定書等に対する文書提出命令の申立てをめぐって争われることが予想される。

(3)　行為規範としては、キャッシュアウト取引において、少数株主の利益に配慮した手続を仕組み、それを履践していくことが求められる。

第13 業務監査

　会社や団体のガバナンスの確保において、監査役や監査役会あるいは監査委員会・監査等委員会のモニタリング機能がますます重視される。

　監査役等のモニタリング担当者においては、業務執行について、法令・定款の適合性や正当性を厳しく監査する責務を負い、その任務を果たすために、所与の人間関係や慣例あるいは慣行に対して寛大であってはならず、置かれた事情を虚心に見つめて、その時点において求められる知見をもとに、監査監督の役割を第三者の目で顧みて、日々検証しておく心構えが求められる。

最二小判平21.11.27（金法1909号84頁）

●判示事項

　農業協同組合の代表理事が、補助金の交付を受けることにより同組合の資金的負担のない形で堆肥センター建設事業を進めることにつき理事会の承認を得たにもかかわらず、その交付申請につき理事会に虚偽の報告をするなどして同組合の費用負担のもとで同事業を進めた場合において、資金の調達方法を調査、確認することなく、同事業が進められるのを放置した同組合の監事に、任務の懈怠があるとされた事例

●判決要旨

　農業協同組合の代表理事が、補助金の交付を受けることにより同組合の資金的負担のない形で堆肥センター建設事業を進めることにつき

理事会の承認を得たにもかかわらず、補助金の交付申請につき理事会に虚偽の報告をするなどして同組合の費用負担のもとで同事業を進めた場合において、代表理事が、①理事会において、それまでの説明に出ていなかった補助金の交付申請先に言及しながら、その申請先や申請内容について具体的な説明をすることなく、補助金の受領見込みについて曖昧な説明に終始した上、②その後の理事会においても、補助金が入らない限り同事業に着手しない旨を繰り返し述べていながら、補助金の受領見込みを明らかにしないまま、同組合の資金の立替えによる建設用地の取得を提案したなど判示の事実関係のもとにおいては、代表理事に対し、補助金の受領見込みに関する資料の提出を求めるなどして、建設資金の調達方法を調査、確認することなく、同事業が進められるのを放置した同組合の監事は、その任務を怠ったものというべきである。

1　判決の形成に至る経緯

（1）　本件の事案の概要は、以下のとおり。①Ｘは、農業協同組合であり、Ｙは、その監事で、Ａは、その代表理事である。②Ｘは、Ｙには、Ａが資金調達の目途が立たないにもかかわらず虚偽の事実を述べて堆肥センターの建設事業を進めたことにつき、適切に監査すべき義務に違反があったなどと主張して、Ｙに対し、農業協同組合法（平成17年法律第87号による改正前のもの）39条２項、33条２項に基づき、損害賠償を請求した。

（2）　本件事実関係のうち、ＸにおけるＡおよびＹの地位については、以下のとおり。Ｘには、役員として理事および監事が置かれ、平成12年当時、理事の定数は18名、監事の定数は６名とされていた。理事のうち１名は常勤で、常勤の理事が代表理事兼組合長に選任された。定款上、組合長は、組合の業務を統括するものとされていた。

Ａの違法行為については、以下のとおり。①Ａは、平成13年１月開催の理事会において、公的な補助金の交付を受けることにより資金負担なしで

堆肥センターの建設事業を進めることにつき、承認を得た。②しかるに、同年8月開催の理事会において、Aは、補助金の交付申請等をしたことがないにもかかわらず、B財団にそのための働き掛けをしたと虚偽の説明をし、その後も、補助金が入らない限りは着手しないと虚偽の説明を繰り返し、さらに、平成14年4月開催の理事会においては、補助金が出るまでの立替えとして1500万円の限度でXが資金を支出することについて承認を求め、その旨の理事会の承認を得た。③Aは、平成14年5月10日以降、理事会承認の限度を超える額で用地を取得し、堆肥センターの建設工事を進めた。

Yの行為については、以下のとおり。Yは、平成12年8月にXの監事に就任し、平成14年5月18日まで監事を務めた後、同日、理事となったが、その間、Aに対し、B財団への補助金交付申請の内容、補助金の受領見込額、その受領時期等に関する質問をしたり、資料の提出を求めたりしたことはなかった。なお、Y以外の監事においても同様であった。

Xの損害等については、以下のとおり。Xは、平成14年11月、岡山県知事から管理人による業務および財産の管理を命じられ、管理人において、堆肥センターの建設事業を中止し、その結果、Xは、Aが締結した堆肥センター用地の売買契約の解消に伴う精算費用等合計5689万4900円の損害を被った。なお、管理人は、同月、Aを解任し、Yは、理事を辞任した。

(3) 原審（広島高裁岡山支判平19.6.14金判1342号27頁）は、次のとおり判断した。

B財団に堆肥センターの建設事業に係る補助金の交付を働き掛けた旨のAの発言は、虚偽であったと認められるものの、Yにおいて、Aに対し、B財団に補助金交付を働き掛けた旨の発言の裏付け資料の提出を求めなかったからといって、そのことが直ちにXに対する忠実義務に違反するものとは認められない。その理由として、①Xにおいては、その役員のうち代表理事兼組合長のみが常勤で、自ら責任を負担することを前提として、理事会の一任を取り付けた上で様々な事項を処理判断するとの慣行が存在し、その慣行に基づき理事会が運営されてきたこと、②Aは、その慣行に

沿った形で、補助金交付の見通しを曖昧にしたまま、なし崩し的に堆肥セ
ンター建設工事の実施に向けて理事会を誘導しており、その間のＡの一連
の言動につき、特に不審を抱かせるような状況もなかったといえるから、
このような状況の中で、Ａに対してその発言の裏付け資料を求めなければ
ならないという義務を監事に課すことは、酷であることを指摘した。

2　判決の形成

(1)　本判決は、農業協同組合における監事の職責について、農業協同組
合法の規定により、一般論を述べた上、次のとおり判示した。①たとえ組
合において、その代表理事が理事会の一任を取り付けて業務執行を決定
し、監事も理事らの業務執行の監査を逐一行わないという慣行が存在した
としても、そのような慣行自体適正なものとはいえないから、これによっ
て軽減されるものではなく、したがって、「原審判示のような慣行があっ
たとしても」、そのことをもってＹの職責を軽減する事由とすることは許
されない。②判旨事項および判決要旨に記載の場合において、判決要旨に
記載の２つの事情のもとにおいては、代表理事に対し、補助金の受領見込
みに関する資料の提出を求めるなどして、建設資金の調達方法を調査、確
認することなく、同事業が進められるのを放置した同組合の監事は、その
任務を怠ったものというべきである。

(2)　なお、本判決の説示部分には、疑問がある。本判決4(2)の第１段落
において、Ａの行為につき善管注意義務に反するとしながら、第２段落に
おいて、第１段落に摘示の事実の一部と異なる事実を摘示した上、再度、
Ａの行為につき善管注意義務に反することをうかがわせると説示する。

また、「原審判示のような慣行があったとしても」、そのことをもってＹ
の職責を軽減する事由とすることは許されないと判示しているが、その慣
行の内容について認定事実に摘示していないことは、やや異例である。

3　本判決の趣旨

(1)　本判決は、農業協同組合の代表理事の違法行為に対して、監事に忠

実義務違反があったとして、農業協同組合法に基づき、監事の責任を問うものである。

農業協同組合の監事は、本判決に摘示するとおり、農業協同組合法の規定（現行法30条の3、35条の5、35条の6）により、理事の業務遂行が適法に行われているか否かを善良な管理者の注意義務をもって監査すべきであり、理事が組合の目的の範囲内にない行為その他法令もしくは定款に違反する行為を行い、または行うおそれがあると認めるときは、理事会にこれを報告することを要し、理事の行為により組合に著しい損害を生ずるおそれがある場合には、理事の行為の差止めを請求することもでき、その職責を果たすため、理事会に出席し、必要があるときは意見を述べることができるほか、いつでも組合の業務および財産の状況の調査を行うことができ、組合のため忠実にその職務を遂行しなければならず、その任務を怠ったときは、組合に対して損害賠償責任を負う。

(2)　Xは、請求原因として、Yの忠実義務に違反する行為として、代表理事の業務の執行としての建設工事の施行について、「具体的な計画や資金調達の根拠及びその裏付け資料等を提出させその真偽を十分に吟味するとともに…資金的裏付けのない開発計画を差し止めるべき義務があるのにこれを放置し、無謀な事業の着手を許した」ことを主張した。これに対して、Yは、本件事業が「具体的に理事会でも審議され、…町からも説明が理事会でなされ、…殆どの理事が賛成し」ていたと反論した。原審における当事者の主張は、以上のとおりであり、特にYの指摘する評価障害事実は曖昧なままである。これに対して、本判決および原判決とも、Aの違法行為を認めたが、Yの任務違背については、前記のとおり、判断が分かれた。原判決が慣行の存在を据えてYの任務懈怠を否定したが、本判決は、「原審判示のような慣行」の存在については、これを認めた上で、そのことをもってYの職責を軽減する事由とすることは許されないと判示して、資金の調達方法を調査、確認することなく放置したことにつき、Yの任務違背を認めた。なお、慣行の存在を評価障害事実として位置付けているのかどうかは不明である。

（3）　本判決は、そもそも任務懈怠の前提としての注意義務を厳密に措定しない。また、慣行の存在については、上記のとおり、あたかも評価障害事実として判断が加えられているが、判決要旨には取り上げられていない。地位の名目性については、明確な判断もされていない。いずれも、原審において、当事者の主張が明確にされていないことによるものであろうが、上告審の判断の根底には、代表理事の違法行為の内容・程度からすれば、それを監視すべき義務を履行したものとはとうてい言い難いという思いがあったのであろう。

4　判例としての意義と規範性

（1）　本判例は、農業協同組合の監事について、代表理事よる業務執行に対する監査に任務懈怠を認めた事例判例である。監事による業務執行監査に任務懈怠があることを示した初めての判例であることに価値がある。

（2）　本判例の規範性は、事例判例として、農業協同組合における監事の業務執行に限定され、しかも当該事案における事情に制約される。判例拘束性の検討にあたっては、当該事例の事情、特に判決要旨に摘示された事情を踏まえて、検討される必要がある。

　ところが、本判例は、やや緻密さに欠ける。監事として果たすべき業務あるいは不正の兆候を把握すべき事柄をどのように捉えるか、その背景にある理事会の開催に係る実情として、その開催の頻度、その案件の選別、配布資料、議事の進行のみならず、事前の説明の程度、資料の配布の時期などについても、当事者からの主張がされなかったのであろうが、一切不明である。さらに、前記のとおり、当該監事の名目性の程度については判断を示さず、当該事案における慣行の存在については判決要旨に触れない。理事会の実態として、常勤理事がただ１人であり、その代表理事に業務執行が一任されて、監事においてその執行について逐一監査しない状況が恒常で、監事も名目的地位に甘んじていることに特殊事情があり、この点にこそ判例価値があるともいえるが、当事者の主張も裁判所による争点整理もやや的確さを欠いた。おそらく、前記のとおり、代表理事に一任さ

れる慣行の実態が特異であり、しかもその業務執行の違法性の程度が著しいために、監事においてその監査に遺漏があったことが容易に判断されることゆえに甘さがあったのであろう。判例とするのに適切な事案であったかやや疑わしい。

(3) 監事の地位と責務は、本判決に説示するとおり、農業協同組合法が、専ら会社法（旧商法）を準用するので、会社の監査役に類似し、したがって、本判例は、監査役の業務執行監査について参考される価値がある。会社法によって見れば、監査役においては取締役の業務執行が適法に行われているか否かを善良な管理者の注意義務をもって監査すべきものであり、取締役が不正の行為をし、もしくは当該行為をするおそれがあると認めるとき、または法令もしくは定款に違反する事実もしくは著しく不当な事実があると認めるときは、取締役または取締役会に報告することを要し、取締役の行為により会社に著しい損害を生ずるおそれがある場合には、その行為の差止めを請求することもでき、その職責を果たすため、取締役会に出席し、必要があると認めるときは意見を述べなければならないほか、いつでも業務および財産の状況の調査を行うことができる（同法330条、381条〜385条）。

監査役の善管注意義務について判例が形成されていないことからすると、本判例は、監事に係るもので、しかも事例判例とはいえ、監査役あるいは取締役のモニタリング機能について指導的な役割を担う余地がある。なお、各取締役ともに、代表取締役等の行う業務執行に対する監視義務を負い、リスク管理体制を構築すべき義務を負うこと（大阪高判平18.6.9判時1979号115頁、東京高判平20.5.21判タ1281号274頁）、このことは名目的取締役であっても例外ではないこと（最三小判昭55.3.18金法930号40頁ほか）には、異論がないであろう。

5　道具としての判例

(1) 本判例は、事例判例として、特殊事情のもとにおいて、規範性を有するにとどまる。しかしながら、特に中小規模の会社の紛争について、参

考とされてよい。同種事案を検討するにあたっては、本判例の規範性の範囲について、ここに掲げられた事情と比較しながら、役員の執行行為の関わりに着目して監査業務の執行の態様を見る必要がある。例えば、役員の違法行為の態様、程度を子細に検討するとともに、役員の執行行為に対する監査役の関与の度合いについて、前記のとおり、理事会あるいは取締役会の開催に係る事情として、その開催の頻度、その案件の選別、議事の進行のみならず、事前の説明の程度や資料の配布とその時期などが主張されるべきであろう。評価障害事実として、慣行や慣例の存在あるいは地位の名目性について、その程度を検証しておくことが相当である。慣行や名目性は、いずれも違法行為の監視義務の程度と相対化されるからである。何よりも、当事者にあっては、「善良な管理者としての注意義務」などの評価根拠規定の当てはめにあたって、主張責任の分配に意を用いながら、できる限り具体的事実を提示することが肝要である。

　(2)　本判例は、会社や団体のガバナンスの面で振り返っておく価値がある。ガバナンスの確保においては、監査役や取締役のモニタリング機能がますます重視されることが予想されるからである。その意味において、行動規範として多くの教訓が読み取れる。監査役等のモニタリング担当者においては、自らの地位や置かれた現況に甘んじることなく、所与の人間関係や慣例あるいは慣行に対して寛大であってはならず、その任務を果たすために、置かれた事情を常に空にして、時の知見をもとに、監査監督の役割を第三者の目で顧みて、日々検証しておく心構えが求められるであろう。

第14 文書の管理

　文書の作成は、作成者はもとより、作成目的と趣旨、名宛人が明らかにされなければならないが、その管理においても、文書ごとに、目的と趣旨を踏まえて、分類項目とともに保存期間を定める規程を策定しておくことが必要である。最も大事なことは、規程に従って、文書の保存と廃棄を実施することである。不都合が生じた場合あるいは生じ得る場合には、規程を変更すべきであって、特例を設けて事実上の廃棄等をすることがあってはならない。文書によっては、時間の経過によってその対象事項の価値が変容し、ひいては分類項目や保存期間に変更をもたらすことがあり得るので、こまめに文書の内容に気配りをしておかなければならない。

最三小決平20.11.25（民集62巻10号2507頁・金法1857号44頁）

●判示事項

1　金融機関を当事者とする民事訴訟の手続の中で、当該金融機関が顧客から守秘義務を負うことを前提に提供された非公開の当該顧客の財務情報が記載された文書につき、文書提出命令が申し立てられた場合において、上記文書が民訴法220条4号ハ所定の文書に該当しないとされた事例

2　金融機関を当事者とする民事訴訟の手続の中で、当該金融機関が行った顧客の財務状況等についての分析、評価等に関する情報が記載された文書につき、文書提出命令が申し立てられた場合において、上記文書が民訴法220条4号ハ所定の文書に該当しないとされ

た事例

※判示事項3は、本連載の司法的企業運営に関する主題と離れるので、割愛する。

●決定要旨

1　金融機関を当事者とする民事訴訟の手続の中で、当該金融機関が顧客から守秘義務を負うことを前提に提供された非公開の当該顧客の財務情報が記載された文書につき、文書提出命令が申し立てられた場合において、次の(1)、(2)の事情のもとでは、上記文書は、当該金融機関の職業の秘密が記載された文書とはいえず、民訴法220条4号ハ所定の文書に該当しない。

(1)　当該金融機関は、上記情報につき職業の秘密として保護に値する独自の利益を有しない。

(2)　当該顧客は、上記民事訴訟の受訴裁判所から上記情報の開示を求められたときは、次のア、イなどの理由により、民訴法220条4号ハ・ニ等に基づきこれを拒絶することができない。

　ア　当該顧客は、民事再生手続開始決定を受けており、それ以前の信用状態に関する上記情報が開示されても、その受ける不利益は軽微なものと考えられる。

　イ　上記文書は、少なくとも金融機関に提出することを想定して作成されたものであり、専ら内部の者の利用に供する目的で作成され、外部の者に開示することが予定されていないものとはいえない。

2　金融機関を当事者とする民事訴訟の手続の中で、当該金融機関が顧客の財務情報等を基礎として行った財務状況、事業状況についての分析、評価の過程およびその結果ならびにそれを踏まえた今後の業績見通し、融資方針等に関する情報が記載された文書につき、文書提出命令が申し立てられた場合において、次の(1)、(2)などの判示の事情のもとでは、上記情報は、当該金融機関の職業の秘密には当たるが、保護に値する秘密には当たらないというべきであり、上記

文書は、民訴法220条4号ハ所定の文書に該当しない。

(1) 当該顧客は、民事再生手続開始決定を受けており、それ以前の財務状況等に関する上記情報が開示されても、その受ける不利益は小さく、当該金融機関の業務に対する影響も軽微なものと考えられる。

(2) 上記文書は、上記民事訴訟の争点を立証する書証として証拠価値が高く、これに代わる中立的・客観的な証拠の存在はうかがわれない。

1 決定の形成に至る経緯

(1) Xは、A社と取引関係がある者、Yは、A社のメインバンクである。A社は、平成16年12月、民事再生手続開始決定を受けた。

Xは、Yに対し、Yが、平成16年3月以降、A社の経営破綻の可能性が大きいことを認識し、同社を支援する意思を有していなかったにもかかわらず、全面的に支援すると説明してXを欺罔したため、A社が民事再生手続開始決定を受けたことにより売掛金が回収不能になり、損害を被ったなどと主張して、不法行為に基づく損害賠償請求訴訟を提起した。

(2) Xは、上記の基本訴訟において、Yの欺罔行為等を立証するために必要があるとして、Yが所持する本件文書（Yが、平成16年3月、同年7月および同年11月の各時点において、A社の経営状況の把握、同社に対する貸出金の管理および同社の債務者区分の決定等を行う目的で作成し、保管していた自己査定資料一式）について文書提出命令を申し立てた。本件抗告の申立ての対象は、本件文書のうち、①Yが守秘義務を負うことを前提にA社から提供された非公開のA社の財務情報（本件非公開財務情報）および②A社の財務情報等を基礎としてYが行った財務状況、事業状況についての分析と評価の過程およびその結果ならびにそれを踏まえた今後の業績見通し、融資方針等に関する情報（本件分析評価情報）である。なお、①公表することを前提として作成される貸借対照表および損益計算書等の会計帳

簿に含まれる財務情報、②Yが外部機関から得たＡ社の信用に関する情報および③Ａ社の取引先等の第三者に関する記載部分は、本決定の対象ではない。

2　決定の形成

(1)　本件非公開財務情報および本件分析評価情報は、いずれも、民訴法220条4号ハの文書に該当しない。

(2)　本件非公開財務情報については、決定要旨1(1)(2)の事情のもとでは、職業の秘密として保護されるべき情報に当たらない（なお、決定要旨は、「職業の秘密が記載された文書とはいえず」という）。その理由は、「顧客が開示義務を負う顧客情報については、金融機関は、訴訟手続上、顧客に対し守秘義務を負うことを理由としてその開示を拒絶することはできず、同情報は、金融機関がこれにつき職業の秘密として保護に値する独自の利益を有する場合は別として、職業の秘密として保護されるものではない」からである。そして、(1)の事情にいう「職業の秘密として保護に値する独自の利益」がないことの理由として、対象文書が「Ａ社の財務諸表である」ことを指摘し、(2)の事情は、職業の秘密の文書でもなく（同ア）、自己利用文書でもないことをいう（同イ）。

(3)　本件分析評価情報については、決定要旨2(1)(2)の事情のもとでは、職業の秘密に当たるが、保護に値する秘密には当たらない。その理由として、本件分析評価情報が「職業の秘密に当たる」ことについては、「開示されれば当該顧客が重大な不利益を被り、当該顧客の金融機関に対する信頼が損なわれるなど金融機関の業務に深刻な影響を与え、以後その遂行が困難になるものといえる」と述べ、「保護に値する秘密には当たらない」ことについては、「その情報の内容、性質、その情報が開示されることにより所持者に与える不利益の内容、程度等と、当該民事事件の内容、性質、当該民事事件の証拠として当該文書を必要とする程度等の諸事情を比較衡量して決すべきものである」と判示する。

3 本決定の趣旨

(1) 本決定は、民訴法220条4号ハに掲げる事由の該当性が争われたものである。いずれの文書についても、同号所定の文書に該当しないとしたが、その理由付けは異なる。

(2) 本件非公開財務情報については、「職業の秘密として保護されるべき情報に当たらない」とし、本件分析評価情報については、「職業の秘密に当たるが、保護に値する秘密には当たらない」とする。

その前提として、「職業の秘密」の意味については、両者とも同様に捉えている。本件非公開財務情報については、その判断において、最一小決平12.3.10（民集54巻3号1073頁・金法1589号47頁。以下「平成12年決定」という）を引用して、「その事項が公開されると、当該職業に深刻な影響を与え以後その遂行が困難になるもの」をいうと判示する。本件分析評価情報についても、根拠を明示しないものの、同旨の判断が示されている。いずれも、民訴法220条4号ハに定める職業の秘密に関して判断していながら、あたかも、その前段階における判断として「職業の秘密」を位置付け、前者は該当しないが、後者は該当するというのである。

(3) その上で、以下のとおり、前者については、職業の秘密でも「保護されるべき情報」に当たらないとし、後者については、職業の秘密に当たる場合であっても、その秘密が保護に値するかどうかの判断をいわば二段階的に進め、この場合に、最三小決平18.10.3（民集60巻8号2647頁。以下「平成18年決定」という）の判断基準によって、比較衡量をする。

① 本件非公開財務情報については、顧客情報が開示されることによる不利益は、金融機関にとっては、当該個人ひいては顧客一般から受ける信用の毀損または低下であるから、当該顧客情報が開示を免れないものであれば、金融機関の不利益もないと述べた上、当該顧客が民事再生の開始を受けている場合には、その不利益は軽微であることなどと判示して、結局、職業の秘密として保護に値する情報ではないという。

② 本件分析評価情報については、Yが自ら分析評価した独自のもので、公表による不利益は避けられないとした上、当該顧客が既に民事再生

の開始を受けている場合には金融機関の業務に対する影響は軽微であること、一方、書証としての証拠価値が高いことなどを示して、保護に値する秘密には当たらないと判断する。

　要するに、本決定は、民訴法220条4号ハに掲げる文書の該当性の判断において、本件非公開情報が、YがA社から取得したものであり、本件分析評価情報が、Yが自ら分析等をしたものであることに違いを見出したのである。

4　判例としての意義と規範性

　(1)　本判例は、事例判例である。金融機関による顧客情報はもとより、顧客に対する分析評価情報についても、一般的に提出義務を免れないとしたものではない。

　(2)　判断基準については、いずれの判断においても、先例を踏襲している。

　本件非公開財務情報については、最三小決平19.12.11（民集61巻9号3364頁・金法1828号46頁）に、本件分析評価情報については、前記のとおり、平成18年決定に依拠している。前者については、金融機関が所持する顧客情報に係るものであることは同じであり、金融機関が当事者であるか、訴訟外の者であるかの違いであるから、依拠するのは相当である。一方、後者については、民事事件の証人となった報道関係者の取材源の秘密に関する証言の拒否の例であり、同列に論じ得るか大いに疑問がある。

　(3)　本判例によって、民訴法220条4号ハの適用において、上記のとおり、平成18年決定が踏襲されたことの意味は大きい。その場合に、職業の秘密に当たるかどうかについて、平成12年決定に従って判断し、その上で、平成18年決定によって比較衡量して判断を加えるというが、前段階における該当性の判断基準は、民訴法220条4号ハの該当性の判断においてどのように位置付けられるのであろうか。同号ハの適用において、2つの判例の整合性、ひいては本判例と平成12年決定の整合性について問題があると言わざるを得ない。

むしろ、本件分析評価情報についての判断において、取材源に係る平成18年決定は事案を異にするとして踏襲を避け、法理判例である平成12年決定に従い、総合判断するのが相当であり、同情報が既に民事再生の開始を受けている顧客の情報であって金融機関の受ける不利益が軽微であること等の事情をもって十分に同一の結論に導けるはずであった。しかも比較衡量すべきであるという事情として「本案訴訟の争点を立証する書証としての証拠価値は高く、これに代わる中立的・客観的な証拠の存在はうかがわれない」を掲げるのは、いかにも恣意的である。文書提出命令においても、証拠の採否の要件として必要性と関連性が求められることは当然として、文書提出の一般的義務の存否の判断において、当該訴訟における事情を考慮するのは、不当である。少なくとも本決定において説明を要する。

　(4)　そもそも、民訴法220条4号ハにおいては、医師等が「職務上知りえた事実で黙秘すべきもの」または「技術又は職業の秘密に関する事項」で「黙秘の義務が免除されていないものが記載されている文書」と規定されているのみである。規定の当てはめにおいては、それを妨げる特段の事情がない限り、あくまで文言に忠実に判断すべきである。規定上も社会通念上も、同一の概念である「職業の秘密」について、別異に解釈する根拠はどこにあるのであろうか不可解である。現に、前記のとおり、「職業の秘密」について、平成12年決定は、一義的に判断しているのである。何よりも、同条は、文書の所持者に提出の一般的義務を課したものであり、文書によって違いが生じるのはやむを得ないとしても、判断基準に違いが生じることはあってはならない。自己利用文書について、同条4号ニにおいて、「専ら文書の所持者の利用に供するための文書」とのみ規定されているが、その該当性の判断において、本判例のように、異なる判断基準によるわけでもあるまい。

5　道具としての判例

　(1)　本判例の規範性の検討にあたって、事例判例として、それぞれ個別の事情に負っていることを確認しておく必要がある。顧客情報はもとよ

り、分析評価情報についても、取引先が健常であるかどうかの事情が重視されている。

　(2)　企業の文書について、前記のほかに既にいくつかの先例が示されている。これらの判例を先例として業務に生かすことが求められる。例えば、自己利用文書として、貸出稟議書について、自由な意見の表明が阻害されるとして肯定され（最二小決平11.11.12民集53巻8号1787頁・金法1567号23頁）、他方、特段の事情がある場合には自己利用文書に当たらないとされ（最二小決平13.12.7民集55巻7号1411頁・金法1636号51頁）、また、社内通達文書のうち一般的な業務指針等が記載されたものについては否定される（最二小決平18.2.17民集60巻2号496頁・金法1773号41頁）。

　(3)　文書の作成においては、作成目的と趣旨、名宛人が明らかにされていなければならないが、その管理においても、文書ごとに、目的と趣旨を踏まえて、文書の分類項目とともに保存期間を定める規程を策定しておくことが必要である。最も大事なことは、規程に従って、文書の保存と廃棄を実施することである。不都合が生じた場合あるいは生じ得る場合には、規程を変更すべきであって、特例を設けて事実上の廃棄等をすることがあってはならない。どうしても避けられないときには、特例の趣旨と規程の変更が間に合わなかったことの理由を付記しておくべきである。文書によっては、時間の経過によってその対象事項の価値が変容し、ひいては分類項目や保存期間に変更をもたらすことがあり得るので、こまめに文書の内容に気配りをしておかなければならない。内部文書についても、規程の分類項目に従うことは当然であるが、秘匿の程度に応じて、秘匿の分類を表記するなどの工夫をしておかなければならない。場合によっては、厳秘の文書については、別途要約書面を作成し、あるいは秘密箇所を伏せたものを用意しておくような配慮があってもよい。

第*15* 訴訟対策

　会社訴訟や会社非訟では、会社の活動をめぐって、多くの利害関係人が存在するために、会社をめぐる法律関係を画一的に処理するなどの必要があり、そのために当事者適格、訴えの利益、出訴期間等の多くの決まりがあるので、その検討が欠かせない。これらの検討にあたっては、それぞれの条文の趣旨を理解しなければならない。一方、会社をめぐる事象や法律関係が継続的であることから、事情の変更や瑕疵の治癒などがあることについても考慮して、裁判の場においては、信義則の適用を考えて保護法益を訴えることも考えられる。

1　当事者適格

最二小決平29.8.30（民集71巻6号1000頁・金法2080号74頁）

●**判示事項**

　会社法179条の4第1項1号の通知または同号および社債、株式等の振替に関する法律161条2項の公告がされた後に会社法179条の2第1項2号に規定する売渡株式を譲り受けた者が、同法179条の8第1項の売買価格の決定の申立てをすることの可否

●**決定要旨**

　会社法179条の4第1項1号の通知または同号および社債、株式等の振替に関する法律161条2項の公告がされた後に会社法179条の2第1項2号に規定する売渡株式を譲り受けた者は、同法179条の8第1

項の売買価格の決定の申立てをすることができない。

1 決定の形成に至る経緯

(1) Xは、特別支配株主による株式等売渡請求に応じて、会社法（以下、省略）179条の8第1項に基づき、売買価格の決定の申立てをした者であり、利害関係参加人Aは179条1項の特別支配株主、Bは対象会社である。

(2) 事実関係は、以下のとおり。

① 利害関係参加人Aは、Bに対し、179条1項の規定による株式売渡請求をしようとする旨および株式売渡請求によりその有する株式を売り渡す株主に対して売渡株式の対価として交付する金銭の額など179条の2第1項各号に掲げる事項を通知した。

② それを受けて、Bは、株式売渡請求を承認し、179条の4第1項1号および社債、株式等の振替に関する法律161条2項に基づき、上記の承認をした旨、対価の額など179条の4第1項1号に掲げる事項について公告をした。

③ Xが、本件売買価格の決定の申立てに係る売渡株式のうち3000株（本件株式）を譲り受けたのは、本件公告後であった。

2 決定の形成

(1) 決定要旨のとおり。

(2) その理由は、以下のとおり。

売買価格決定の申立ての制度の趣旨は、所定の通知または公告により、その時点における対象会社の株主が、その意思にかかわらず定められた対価の額で株式を売り渡すことになることから、そのような株主に対して対価の額に不服がある場合に適正な対価を得る機会を与えることにあり、通知または公告により株式を売り渡すことになることが確定した後に売渡株式を譲り受けた者は、保護の対象として想定されていない。

3 本決定の趣旨

(1) 本決定は、179条の8第1項の売買価格の決定を申し立て得る者について、決定要旨のとおり、判断した。

(2) 所論は、売買価格決定の申立てをすることができる売渡株主について、179条の8第1項の規定が何ら限定していないことから、公告後に売渡株式を譲り受けた者も含まれる旨をいう。

本決定は、売買価格決定の申立権者について、所論に応えるにあたり、売渡株主等による売買価格決定の申立ての制度の趣旨をもって、その根拠を示した。要するに、制度の趣旨が、通知または公告により、その時点における株主において、その意思にかかわらず定められた対価の額で株式を売り渡すことにあるから（179条の4第3項）、対価の額に不服がある者に対し適正な対価を得る機会を与えられる者は、その時点における株主に限定されるという。

(3) なお、原審（東京高決平29.1.31金法2080号78頁）の判断理由も同様であるが、原審は、抗告人の主張に応えて、さらに以下のとおり追加する。

①特別支配株主が、取得日の前日までは株式等売渡請求を違約金なしで撤回できることとの均衡上、その日までに株式を取得した者については売買価格決定の申立権が認められるべきであり、また、投資手法からみても保護されるべきであるとの主張に対しては、撤回制度が設けられていることと売買価格決定の申立権をどの範囲の株主等に付与するかということとは、何らの関連性もない。②売渡請求がされた後に株式等を取得した者の売買価格決定の申立適格を否定することは、株式等売渡請求の前に株式等を取得したものの、名義書換を失念している株主の権利を不当に害することになるとの主張に対しては、株式等売渡請求の制度は、株主名簿の名義書換をしていない株主がその地位を会社および第三者に対抗することはできず、会社からの通知を受けるべき立場にないことを当然の前提としているから、理由がない。

抗告人の主張は、②については失当であるが、①のうち投資手法をいう

点については、１個の見解であり、本決定において実質判断をするならば、丁寧に応答するべきであった。

⑷　本決定の理由付けについて考えると、法律が上記のとおりの趣旨で売買価格決定の申立ての制度を設けたことは異論がないことであり、その趣旨に従って、売買価格決定の申立てをする者について規定が設けられていることは当然といえよう。しかも、特別あるいは例外の事象に対して特別の扱いをする場合には、特にその旨の定めを必要とし、その定めがない限り、通常または原則の扱いに従うのが法律の建て前であるから、特別承継者について特に規定がされていない限り、本則にのっとり、申立適格者は、本決定の者に限られることになる。

したがって、本決定は、その理由において、法の趣旨を示しているものの、結局、売買価格決定の申立てをする者について、179条の８第１項の規定にされているとおりの者をいう当然の事理を明らかにしたにすぎないといえる。本決定の理由は、所論を排斥するために、あるいは判例を作る上で装いとして説明を示したもので、よく取られる手法である。

4　判例としての意義と規範性

⑴　本判例は、179条の８第１項の売買価格の決定の申立適格について判例価値がある。

上記の申立適格について、法理判例として、特段の事情などによる留保が付けられていないので、通知または公告の後に譲り受けた者については、例外なく申立適格が認められないことになる。この点に関して、最高裁調査官解説において、特段の事情がある場合には申立てを認める余地があると説明されているが、判例の文理からは許されないことで、そのような場合には、留保を置くべきである。解説の域を逸脱すると批判されよう（滝井繁男『最高裁判所は変わったか』35頁（岩波書店、2009年））。もっとも、当事者が、信義則の適用を前提として、特段の事情を主張して、法理判例に穴あけを施そうと試みることは別問題である。

また、本判例の規範性は、当然のことながら、決定要旨に記載の場合に

限られる。例えば、売渡新株予約権者による売買価格決定の申立てや株主総会後に取得された全部取得条項付種類株主の申立適格あるいは組織再編等に係る当該株主総会後に取得された株式については、直接には及ばない。

(2) 次に、本判例の判断過程が、前記のとおり、規定の文言に依拠せずに制度の趣旨から説き起こしたことは、注目される。

法文の解釈は、第7・4「4 判例としての意義と規範性」(2)に述べたとおり、第1に規定の文理に従い、次いで当該法規の目的や趣旨から論理的推論に移り、さらにそれを立法趣旨に照らして補完するという手順に従って進められるべきである。特に、当事者適格、専属管轄、出訴期間その他の申立要件については、本来、規定の字義に従うべきであって、極めて例外的な場合（例えば、専属管轄について、取締役の地位不存在の確認または地位確認の訴え、取締役会の決議の無効または不存在の確認の訴えに、835条1項の類推適用の例）を除き、実質解釈とか類推適用などは避けるべきである。法律の作動を恣意的にしたり、ひいては不安定にするからである。もっとも、法律の文言自体に曖昧さが認められたり、法律の規定の間で矛盾がある場合には、趣旨解釈によって補わざるを得ないことがある。

この観点から179条の8第1項の売買価格の決定の申立適格について見ると、同項において申立権限者として「売渡株主等」と規定され、179条の4第1項1号において、「売渡株主等」の文言について「この節において同じ」と明記されている以上、179条の8第1項においても、179条の4第1項の規定により通知されるべき者であることになり、「通知または公告後に売渡株式を譲り受けた者」は、前記のとおり、法律の建て前として、特別の規定がない限り除かれることになるはずである。字義のとおり解することによって、特別支配株主が、「通知または公告後に売渡株式を譲り受けた者」から売渡株式を取得することができなくなると解されることになりかねないことが指摘されているが、179条1項において、特別支配株主は、株主の全員に対して、その有する株式の全部を売り渡すことを請求することが定められ、179条の9第1項において、特別支配株主は、

売渡株式等（179条の2第1項2号）の全部を取得することが定められているから、疑義はない。もっとも、このような会社法の規定振りが好ましいかどうかは別問題である。「売渡株主」について「株式売渡請求によりその有する対象会社の株式を売り渡す株主」（同号）と規定し、「売渡株主等」について、179条の4第1項において上記のとおり規定していることは、規定振りとしては、拙劣というほかない。このことから、制度の趣旨を説く装いで解釈を施すこともやむを得ないともいえる。

(3) ここで、上記の規定の文理解釈を補完するために、会社法における同種の申立てについて検討しておく。株式買取価格決定の申立ては、定款変更や組織再編行為等に反対し、または議決権を行使できなかった株主等が会社に対して株式買取請求をした場合（117条2項、172条1項、182条の5第2項、470条2項、786条2項、798条2項、807条2項、新株予約権について、119条2項、778条2項、809条2項）、あるいは単元未満株主が会社に対してその株式の買取請求または売渡請求をした場合に（193条2項、194条4項）、それぞれ会社との間で買取価格について協議が調わないときにされる。これらの規定の体裁は、多くの場合、本件における179条の8第1項と同様である。このうち、例えば、116条1項1号・2号に定める定款変更をする場合や種類株主に損害を及ぼすおそれのある行為を行う場合における反対株主による価格の申立てについて見ると、株式の価格の決定について協議が調わないときに株主がすることができると規定されているのみであるから（117条2項）、当該株主は上記の行為をするために株主総会の決議を要する場合に当該株主総会において当該行為に反対し、または議決権を行使することができない反対株主であるということができ、同規定によって当該株主総会決議後に取得された株式の株主には申立適格がないといえる。また、全部取得条項付種類株式の取得の場合の取得価格決定の申立て（172条）については、172条1項1号および2号に掲げる株主と規定され、上記と同様に、当該株主総会において当該取得に反対し、または議決権を行使することができない株主であることが明示されているから、株主総会決議後に取得された全部取得条項付種類株式の株主については、

申立適格がない（なお、最三小決平22.12.7民集64巻8号2003頁・金法1931号87頁参照）。これらについて、条文上明らかでないとし、反対の学説もあるが、採用し難い。

　そのほかに株式売買価格決定申立として、譲渡制限株式の譲渡が承認されない場合の株主または会社による例（144条2項）、定款の定めにより相続その他の一般承継により譲渡制限株式の売渡請求がされた場合の会社または取得者による例（177条2項）があるが、いずれも申立人について、譲渡等承認請求者または売渡しを請求し得る株主と規定されている。

　これらの規定から見ても、本件の場合に、文理上、紛れがあるとは言い難い。

　(4)　あえて実質的な判断をするならば、むしろ利害関係者（本件においては、特別支配株主、会社、売渡株主等のうち通知または公告の時点の株主等およびその後の譲受人）のそれぞれの利害を比較考慮して、当該仕組みにおいて保護すべき者を見定める必要がある。例えば、株式売渡請求の承認および通知または公告がされた後に売渡株式を取得した者が売買価格の決定の申立てをするのは、おそらく裁判所が公開買付価格よりも高い価格を定めることを期待して行われるものであろうが、これらの利害が保護に値するかどうかを説示する必要があろう。

5　道具としての判例

　(1)　本判例の規範性は、当然のことながら、決定要旨に記載の場合に限られ、その判断理由は、前記のとおり、当事者の主張に応じて説得付けとして説示されたものであると解される。

　同種事例に対応するにあたっては、裁判所にあっては、このことを認識し、法規の文言から説き起こすべきであるが、当事者にあっては、主張の組み立てにおいて本判例の解釈手法を参考にすることがあってもよい。

　(2)　会社訴訟（場合によっては会社非訟を含む）については、会社の活動をめぐって、多くの利害関係人が存在するために、会社をめぐる法律関係を画一的に処理するなどの必要があり、そのために、会社法において訴訟

手続や決定の効力につき特別の規定が置かれ、一定の類型の会社訴訟について、当事者適格を規定するなどしている。

訴えの提起または申立てにあたっては、これらの訴訟要件あるいは申立要件について、厳しく検討する必要がある。一方、当事者にあっては、文理上の各要件の充足が困難なときであっても、会社をめぐる事象や法律関係が継続的であることから、事情の変更や瑕疵の治癒などがあることを考慮して、これらの法理を駆使し、あるいは信義則の適用を考えて周辺事情を摘出して保護法益を訴えることも考えられる。

(3) なお、会社非訟事件では、職権探知主義が採用され、裁判所は、職権で事実の調査を行い、かつ、申立てまたは職権で必要な証拠調べを行わなければならないとされているが（非訟事件手続法49条1項）、ほとんどは当事者からの疎明の提出を待ってされる。株式売買価格決定申立事件、株式買取価格決定申立事件など870条2項に規定する事件については、二当事者対立の状況にあるので、手続に当事者参加することができるとともに（同法20条、21条）、審問期日を開いて当該会社等所定の者の陳述を聴かなければならない（870条2項）。これらの事件では、当事者主義的運用がされるのが通例で、審問期日において、株主、会社の双方とも、積極的に主張立証を試み、鑑定などの証拠調べの申立てに努めることが必要である。

2 訴えの利益

最二小判平28.3.4（民集70巻3号827頁・金法2047号93頁）

●判示事項

ある議案を否決する株主総会等の決議の取消しを請求する訴えの適否

◉**判決要旨**

　ある議案を否決する株主総会等の決議の取消しを請求する訴えは不適法である（捕足意見がある）。

1　判決の形成に至る経緯

　⑴　XらとAは、Y会社の株主であり、取締役である。Aの招集したY会社の臨時株主総会において、Xらを取締役から解任する旨の議案が否決された。

　そこで、Xらは、本件株主総会の招集手続に瑕疵があると主張して、本件否決決議について、会社法（以下、省略）831条1項1号に基づき、その取消しを求めた。

　⑵　事実関係は、以下のとおり。なお、本判決は、事実関係については、触れない。

　①　Aは、Xらの同意を得ないまま、本件株主総会を招集し、Xらを取締役から解任する旨の議案を諮ったが、否決された。

　②　その後、Aは、Xらにつき、854条に基づき、取締役解任の訴えを提起した。

　③　そこで、Xらは、本件株主総会の決議が取り消されることによって、同条の「役員を解任する旨の議案が株主総会において否決されたとき」の要件を欠くことになることを理由に、本件取締役解任の訴えが不適法であるとして、本件訴えを提起した。

　⑶　第1審判決および原判決の判断は、以下のとおり。

　第1審判決（福岡地判平26.11.28金判1490号17頁）は、本件取締役解任の訴えが本件株主総会で取締役解任決議が否決されたときという要件を具備しないことをもって、本件訴えの利益があると判断した。

　一方、原判決（福岡高判平27.4.22金判1490号16頁）は、株主総会等の決議の取消しの訴えに係る決議について、その請求を認容する確定判決が第三者に対しても効力を有すること（838条）を前提に上記訴えに関する所

要の規定（831条～838条）が置かれていることを理由として、第三者に対して効力を有するものを指し、したがって否決の議決が第三者に効力を有する余地はないと判断した。

2　判決の形成

（1）　判決要旨のとおり。

（2）　その理由は、以下のとおり。

①　会社の組織に関する訴えに係る諸規定は、株主総会等の決議によって新たな法律関係が生ずることを前提とする。

②　一般に、ある議案を否決する株主総会等の決議によって新たな法律関係が生ずることはなく、当該決議を取り消すことによって新たな法律関係が生じない。

③　このことは、当該議案が役員を解任する旨のものであった場合でも異ならない。

3　本判決の趣旨

（1）　本判決は、議案を否決する株主総会等の決議の取消しを請求する訴えについて、不適法であると判断する。

（2）　本判決は、理由として、議案を否決する決議を取り消すことによって新たな法律関係が生ずるものでもないことを掲げるが、その趣旨は、決議取消しの訴えについて、瑕疵ある決議に基づいて法律関係が積み重ねられることを阻止することを目的とするものであり、翻って、意思決定の適法性を確保することを目的とする制度ではないというものである。

（3）　本判決の事例は、Ｘらが、本件取締役解任の訴えについて、本件株主総会の決議が取り消されることによって854条の「役員を解任する旨の議案が株主総会において否決されたとき」の要件を欠くことになることを理由に、不適法であるというものである。

しかし、本判決は、役員を解任する議案が否決された場合には当該株主総会等の決議の取消しを請求する訴えについて、不適法であると判示する

ものではない。本判決は、理由を示すにあたって、否決する決議の取消しを求める訴えについて、「一般に」と説き、当該議案の内容と議決に至るまでの手続を問わずに、一律に訴えの利益を欠くという。加えて、当該議案が役員を解任する旨のものであった場合でも異なるものではないと判示した。この部分は、上記の趣旨からすると、念のための説示ということになる。所論を意識したものであろう。所論は、上記のとおり、本件否決決議が取り消されれば、別途Xらに対して提起されている854条所定の役員の解任の訴えが不適法として却下されることとなるから、本件訴えは適法であるというのであるが、本判決は、これに直接答えることなく、上記のとおり判断を示したのである。

なお、本判決が「ある」議案と説示し、判示事項および判決要旨においてもこれを冠するが、法律用語でもなく、特に意味があるとも思われない。その趣旨は、不明であるが、前記の趣旨と同様、議案の内容等を問わないことを表したかったものであろう。

4　判例としての意義と規範性

（1）　本判例は、否決の決議のすべてにつき訴えの利益を否定したことに判例価値がある。

（2）　本判例は、法理判例である。判決文において事実が記載されていないのみならず、上記のとおり、本件事例に即しての具体の判断も示されていないことからも明らかである。したがって、法理判例として、特段の事情などによる留保が付けられていないので、否決の決議については、例外なく訴えの利益が認められないことになる。この点に関して、最高裁判所調査官解説において、否決の決議によって直接新たな法律関係が生じる場合には、本判決の規範性が当然に及ぶものではないとして、特段の事情がある場合には申立てを認める余地があるように説明しているが、判例の趣旨からは許されまい。

（3）　次に、本判例は、前記のとおり、制度の趣旨をもって理由に掲げた。

ここでも、文理から解釈すると、株主総会等（830条に定義される）の決議の取消しの訴えに係る「決議」の意義について、第2章訴訟の第1節会社の組織に関する訴えの箇所において、特に定められていない。株主総会等の決議の取消しの訴えを定める831条においても、請求をすることができる場合として、決議の内容が法令または定款に違反するときのほか、招集の手続または決議の方法が同様に違反し、または著しく不公正である場合が掲げられているにとどまる。前者については、成立した決議に解されるが、後者については、結果に至る過程として成否を問わない規定振りである。また、「株主総会の決議」について、309条において、定足数と成立要件としての議決権数が定められているが、ここでは「決議」について、定足数を満たし、かつ、議案に対する法定多数の賛成によって成立したものをいうものと理解されなくはないが、会社法は、結果としての「決議」と結果に至る過程としての「議決」（例えば、369条2項）を明確には使い分けていないので、「議決」の意味に使われているようにも思われる。また、295条においては、「決議をすることができる」と定めているが、ここでは、株主総会の権限を定める規定として、可決の議決として積極的な意で用いられている。そのほか、316条など多数の規定において、「決議によって…することができる」と定め、あるいは329条、339条、156条などにおいて、「決議によって…する」「決議によって、定めなければならない」とあるのは、権能を表す意義から可決成立した決議をいうものと解される。

　これらの規定の文理を補完するために、「決議」について株主総会等以外の規定を見ると、例えば、取締役会について、その権限として、309条と同様の規定が置かれ（369条1項）、その対象の状況から当然に可決されたことを指す場合もあり（298条4項）、債権者集会について、決議をする事項を可決すること（554条）、延期等の決議があったこと（560条）と規定し、いずれもその対象状況に応じて可決され、または可決され得る決議をいうものと解される。

　以上から、それぞれの規定の文言からは、831条の規定の一部において

結論に至る過程としての議決の意味に読み取れる場合があることを除いて、おおむね積極的な意味で可決したものを指すということができる。

　(4)　そこで、制度趣旨に係る本判例の理由付けについて考えると、前記のとおり、否決の決議について新たな法律関係が生じるものではないとする前提には、瑕疵ある決議に基づいて法律関係が積み重ねられることを阻止することを目的とする制度であることをいい、その逆として、意思決定の適法性を確保することを目的とするものではないことが示されている。確かに、決議が否決された場合には、登記されることも、その決議を前提として法律関係が積み重ねられることもないから、それを取り消すことによって確定される利益はないといえる。原判決は、前記のとおり、株主総会等の決議の取消しの訴えに係る決議について、第三者に対して効力を有するものを指し、否決の議決には第三者に効力を有する余地はないと説示する。しかしながら、否決決議が第三者に対して効力を及ぼさないとは必ずしもいえない。例えば、会社に再度の審議を求め、あるいは、後記のとおり、否決決議が他の法律効果の発生の条件となっている場合もあるからである。

　他方、株主総会等の決議の取消しの訴えの制度の趣旨について、会社には公正な方法により決議をすべき義務があることを前提に、意思決定の適法性を確保することを目的とし、したがって、公正な審議を求めることを法律上の利益であるとする考えもあり得る。株主総会等の決議の取消しの訴えについて、決議の内容に違法があるときのほか、招集の手続が法令もしくは定款に違反し、または著しく不公正なとき、決議の方法が法令もしくは定款に違反し、または著しく不公正なときにも当該決議の取消しを請求することができると定めているからである（831条1項1号）。当該訴えが認容されることによって、会社は、手続的正義の実現のために、改めて株主総会を招集して当該議案を審議し、公正な方法により決議をしなければならない義務を負い、このような公正な審議を求めることについて法律上の利益がないとはいえないというわけである。特に、株主提案について、提案理由の説明の機会が奪われる場合などにこれを放置することは株

主権を著しく阻害することになるから、その是正を図るべきであり、このように解することによって少なくとも会社に対して不公正な総会運営を抑制させる効果はあることが指摘されている。

　両説を分かつ問題は、否決決議が不公正な方法によって得られた場合に放置することの適否であり、株主総会の否決の決議に法律上の意義がある場合にもその争いを許さないことの適否である。その場合の例として、所論において指摘するとおり、役員解任の訴えの要件として規定されている場合（854条）および少数株主による議案の再提案の制限の要件として規定されている場合（304条ただし書）が挙げられる。前者について、本判例は、所論には積極的に応答しないで、わずかに否決議案が取締役の解任の場合であっても同旨であると説示するにとどまる。一方、第1審判決は、本件取締役解任の訴えが本件株主総会で取締役解任決議が否決されたという要件を具備しないことをもって、訴えの利益があると判示する。この点について、手続上の重大な瑕疵がある場合には、否決の決議は不存在であると解する意見があるが、他の不存在の事例と整合した解釈であるか疑問である。また、後者については、否決に至る過程に手続上の瑕疵があり、それゆえに株主総会において総株主の議決権の10分の1以上の賛成を得られなかったことを証明することができる場合には、上記ただし書所定の期間制限は適用がないと解する意見がある。確かに、再提案の可否については、再提案が会社に拒否されたときに争うことが紛争の一挙解決の意味において便宜といえるであろう。他方、文理に忠実であれば、否決が取り消されるならば3年以内に同一の理由で再提案することが可能となること（304条ただし書）を1つの利益または必要性として訴えの利益を認めるという考えもあり得る。

　(5)　なお、補足意見は、否決の決議について、提訴を許さないとする時間的制限を設ける必要がないことなどを理由として指摘するが、手続の瑕疵を是正することを目的とするとの考えに立つ場合であっても、早期安定のための規制を設ける必要があるから、上記指摘は当たらない。また、否決の決議が法律効果の発生の要件とされている事例として、304条ただし

書に当たる場合を挙げて、否決の決議が重大な瑕疵を有する手続によってされた場合は、これは再提案の制限の前提となる否決の決議にはなり得ないとして、3年間の制限は及ばず再提案ができると解釈し、否決の決議を取り消すまでの必要はないと説く。しかし、この解釈がより合理的といえるか疑問であり、少なくとも文理からは遠ざかる（なお、東京高判平23.9.27LLI/DB LO6620936参照）。

5　道具としての判例

（1）　本判例の規範性は、判決要旨に記載の場合に限られる。議案を否決する株主総会等の決議の取消しを請求する訴えについて、すべて不適法であると扱われることになる。

（2）　しかしながら、議案を否決する株主総会等の決議について、特に、招集の手続が法令もしくは定款に違反し、または著しく不公正であるとして、あるいは決議の方法が法令もしくは定款に違反し、または著しく不公正であるとして、その取消しが争われているときに、本判例が当該総会決議の効果を積極的に肯定したものと受け止めるべきではあるまい。会社にあっては、実務において、本判例によって否決決議が争い得ないことに満足することがあってはならず、総会運営にはきめ細やかな配慮が必要である。特に、株主提案については、同議案の否決決議の手続に重大な法令等違反や著しい不公正が懸念される場合に、304条ただし書に形式的に該当すると思われる議案の再提出であっても、当該株主の提案手続が著しく不合理である場合などを除き、当該議案に係る株主総会の招集を受け入れ、あるいは当該議案を取り上げ審議することが相当であろう。同議案の提出を受け付けないことが違法であると評価されることもあり得るからである（976条19号参照）。

　また、本判例は、違法または不公正な総会運営によって会社または取締役が損害賠償等の責任を負うかどうかについては、何ら言及しないことを認識しておくべきである。

（3）　今後争われ得る場合として、前記のとおり、役員解任の訴えの要件

として規定されている場合（854条）および少数株主による議案の再提案の制限の要件として規定されている場合（304条ただし書）が挙げられる。これらの事例においても、本判例によれば否決決議について取消しの請求ができないことが前提にされることになるが、当事者にあっては、個別に各規定の合理的解釈を試みるべきである。これは、補足意見も示唆するところである。

　そのほか、補足意見において、会社法の規定等に基づき否決の決議取消訴訟の訴えの利益が問題となり得るような事例が生じたとしても、信義則や禁反言等の法理の適用で対処することができると述べられているが、これに従うとすれば、当事者においては、個別事例ごとにこれらの法理を当てはめるに値する事情を探索して対処する必要がある。

第 *3* 章

裁判の利用と裁判の対策

司法的企業運営は、紛争の予防を図るとともに、紛争が発生した場合に適切な対処を求めるものである。紛争の萌芽が企業の体質や風土を物語るものであることからすると、それを認識することによって自社を振り返り、もって企業の体質をより増強することにつながるといえる。一方、その認識に遺漏があれば、あるいは紛争の事後措置を誤れば、企業価値を毀損し、加えてレピュテーションその他の付加価値を貶め、企業の体力を奪い、その持続的発展を妨げることになるといわなければならない。

　司法的企業運営が最も求められるのは、結局のところ、紛争の予防と対策の場面であるといえる。

第1 紛争の萌芽と発生

　1　会社の組織の中にも企業の運営の中にも、大なり小なり、常に紛争の種が潜んでいる。このことは、会社が能動的あるいは展望的な業務を営み、常に競合他社と競争を強いられ、また、社団として多数の人が関わる以上、避けることができない。とはいえ、会社において、特に第1線が能動的、展望的業務を遂行する場合において、紛争の萌芽を過剰に意識することは、企業活動を過度に委縮させ、その営み自体を阻害することになりかねない。

　それでも、業務の遂行において紛争の萌芽の存在を覚悟しておくことは必要である。なぜならば、その意識こそが、当該業務の遂行において緊張感を抱かせ、もってその適正さを確保し、ひいては迅速な対応を可能にすることになるからである。

　また、第2線および第3線においては、立ち位置を代えて、異なる視点あるいはより高い見地から、監視または振り返りを求められるのであるから、その作業を当該紛争の範囲にとどめることなく、当該紛争の萌芽が他の分野にも存在し得るものと配意して行うことが必要であり、このことが組織管理あるいは業務運営をより有効なものとするのである。それのみならず、紛争の萌芽が企業の体質や文化的土壌を物語るものであることからすると、ある業務における紛争の萌芽は必ず当該企業の他の分野においても同様な萌芽が存在することを推測させるから、1つの萌芽によって他の分野の萌芽を認識し、もって適正な横展開につなげることが可能となる。

　とりわけ、最も高度な業務といえる経営判断においては、些細な紛争の萌芽であっても企業価値の毀損につながること、ある紛争の萌芽が企業風土の全体を俯瞰する機縁ともなることを厳しく認識し、常に強い緊張感をもって紛争の萌芽を見逃さないように努めるべきである。

2　企業内の各層において、それぞれの立場において、上記の目的意識をもって紛争の萌芽について心得ておくことは、それによって事後の措置に係る予測可能性を広げ、それだけ後の対応の方法の幅が広がり、現に紛争が発生した場合に、速やかに、かつ、適切に対処することができ、時間、コストの面でも節約ができることになる。さらにいえば、萌芽について、反対当事者——紛争の萌芽に関わる会社以外の者で、利害対立者のみならず、投資家や市場、さらにはメディアも含まれる——より少しでも早く気付くことが、事後の各種の対策を運ぶ上において有利に作用するのである。萌芽の早期発見は紛争の早期治療につながるというわけである。

第2　紛争への対処

1　紛争が顕現化すると、早期治療を目指すべきである。治療の方法として、①行為の過程または結果の訂正（その広報を含む）から、②一定の謝罪、③紛争の一時的棚上げ、④交渉による和解、そして⑤調停、仲裁や裁判まで様々なものがある。取るべき措置は、このうちの1つの方策で足りる場合もあれば、複数の措置を要する場合もあり、紛争の相手方の置かれた地位や時間の経過などによっても変わる。確実なことは、対応の遅れに伴い、手段は重厚に、かつ、解決策も限られてくるということである。

2　紛争の解決策を選ぶにあたっては、相手方の地位等はもとより、紛争の内容、紛争に至る経過、交渉の過程の事情に照らして、それぞれの段階において見極めることが必要である。会社内の各層においては、選択し得る対策とその与える影響について、いくつかのシミュレーションを描き、それに対して重層的な討議を行っておくことが求められる。この場合において、会社の体力や将来の企業活動に及ぼす影響はもとより、ステークホルダーの反応を予期するとともに、レピュテーションリスクも考慮に入れておかなければならない。もちろん、自己の主張を裏付け得る資料の程度も見極めて、敗訴リスクにも備えておく必要がある。

また、時間に制約があることに留意しておかなければならない。既に経過した時間とともに着地点までの時間を想定して対処することが肝要である。早期に鎮静化を図ることが重要であることは言うまでもないが、拙速は避けるべきである。十分な検討を経ないままに曖昧な情報を発信することがかえって事後の対策を難しくすることになりかねないからである。

さらに、広く関係者を捉え、従業員や労働組合はもとより、関連の取引先や金融機関と交渉を重ね、関係者の中から陣営に取り込み得る人の選別をしておかねばならない。事件によってはメディアとの関係も重視され

る。相手方がマスコミを利用して情報操作をすることもあり得るから、訴訟対策として無視することはできない。

　3　裁判による解決に対するネガティブなアナウンスメント効果、あるいは裁判アレルギーは、グローバリゼーションの影響下、法化社会にあっては、ひと頃に比べれば、少なくなってきていることは考慮に入れておいてよい。紛争が公にならないように過度に努めることは、かえって紛争の解決を歪めかねないので注意を要する。もとより、紛争の内容性質によっては、法的措置こそ積極的に取るべきであることを認識しておかねばならない。例えば、紛争の原因が違法な不祥事にある場合には、法的措置に逡巡すること自体が大いなる疑惑を生むことになりかねないからである。

第*3* 法的措置の選択

　法的措置を選択するにあたっては、積極的に利用するか、相手方の措置を待って応訴するのが得策かどうかを見極めることが必要である。法的措置を積極的に選択する場合においても、事前の措置（例えば、仮処分、差止め訴訟）か事後的措置（例えば、取消訴訟や損害賠償請求）か、通常民事訴訟か会社訴訟かなどについて検討しなければならない。この場合において、それぞれの法的措置の帰結を想定しておくことが重要で、措置によっては最終的な紛争の解決に至らない場合があること、さらには相手方に他の措置を取らせることになることも視野に入れておくべきである。不祥事の事案はもちろん、各種取引に係る事案でも、株主代表訴訟を引き起こす可能性も考慮しておかねばならない。いずれの場合にも、裁判それ自体を会社運営に利用するという意識があってもよい。企業運営においては、あらゆる措置が成果を生む手段とするものであるという強い意志が求められるからである。

第**4** 裁判の対策

　裁判を利用する場合においても、あるいは、アクティビストや機関投資家らから提起される訴訟などを受ける場合においても、紛争の発生から紛争の解決に至るまでの過程に応じて、適切に対応しなければならない。

1 裁判に上手に向き合うための心構え

⑴　事件の見通し

　紛争を前にして、事件の見通しを持っておくことは重要である。事態を予測することは、臨機にそれに応じた措置を用意することができるので、不測の事態をできるだけ少なくすることができる。この場合において、自陣の証拠資料や主張し得る事項を探っておくことはもちろん、紛争相手方の立場に立って、事件を見通すことが望まれる。えてして手持ちの資料（証人となる者を含む）だけによって検討しがちであるが、相手側にあり得る資料を見越して、かつ、相手側の取り得る措置を予測して、検討を加えなければならない。見通しに応じて、採るべき対策の選択の幅が決まり、例えば敗訴リスクが高い場合には、選択肢が限定され、応訴の当初から和解を見込むなどしなければならない。

⑵　取り得る措置の検討

　訴えの提起にあたっては、勝訴の見込みの程度に応じて、請求の内容が決められる。例えば、勝訴の見込みが高い場合は、請求額を大きくし、あるいは後戻りのできない趣旨を掲げ、勝訴の見込みが薄いとか、予測が立たない場合には、一部の請求にとどめたり、緩やかな請求（例えば、給付請求ではなく確認請求、取消請求ではなく損害賠償請求）で様子を見ることも考慮してよいであろう。一方、訴えの提起を受けると、それに対して取り

得る対抗措置として、応訴するばかりではなく、例えば、強い姿勢で、あるいは裁判所に対するアピールを狙って反訴を提起することも考えられる。勝訴の見込み、レピュテーションリスク、負担費用等の事情を考えて、早期に和解による解決を図ることも一法である。いずれの場合でも、費用と時間を予測しておかなければならない。また、いずれの地の裁判所に訴えを提起するのが得策かということも検討に値する。応訴するにあたっても、移送を申し立てるかどうかも検討すべきである。時に看過されるのは、時効の成否である。提起する側にあっても、受ける側にあっても、時効の成否は常に考えておく必要がある。出訴期間についても、同様である。

(3) 大まかな主張・立証計画を想定

　紛争の発生経過を時系列に記録し、時系列表の事項ごとに証拠と一般情報を整理することが求められる。この場合に、折衝の過程も加えておく必要がある。折衝の過程の相手方の対応が訴え提起後の交渉の材料になることはもとより、折衝における言動が証拠になり得る場合もあるからである。時系列表は、事件を俯瞰する上で必須であるのみならず、早期解決を目指すために先手を取って解決策を模索する上でも必要である。なお、事件に応じて、時系列表ではなく事項ごとに整理することも試みられるが、事項整理表はややもすれば評価がもぐりこみがちであるので、時系列整理が漏れを防ぐために推奨される。

　訴えを提起する側であれ、受ける側であれ、早い段階でどのような言い分があるか整理しておくことが望まれる。将来の証拠として、どのようなものがあるか、各分野の書証、取り込み得る人証についても、大まかな検討をしておくことが必要である。書証については、できるだけ幅広に探索し、証人については、早いうちから、関連業界等その他の分野から援助を仰ぎ得る人を探して協力を仰いでおくべきである。

2 主張対策

(1) 主張の組み立て

主張の組み立ては、裁判の勝敗を決すると覚悟すべきである。裁判官の心証は、何よりも主張によってスジとスワリが見極められるからである。

主張には、一貫性、合理性、そして明晰性が求められる。曖昧な主張や右往左往する主張、そして理から遠い主張は、裁判所から嫌われる。主張を重ねるうちに矛盾を来すことがないように注意を要する。主張は、重要度に応じて選ぶ必要がある。多数述べればよいというものでもない。争点を多数作り出す主張は、それだけで曖昧な印象を与えかねないからである。

紛争の多くは間接事実の争いである。間接事実の提示にあたっては、要件事実を意識しておくべきである。その上で、評価規範について最も重要度の高い事実を摘出することが肝要である。ここでも多数の間接事実を提示したい誘惑に駆られようが、厳しく選別すべきである。

そもそも理にかなった主張を組み立てられるかは、組織の管理と企業の運営自体が、理にかなったものでなければならないことを振り返らせることにもなる。

(2) 武器としての法律・判例・ソフトロー

紛争に適用されるべき法律については、あらかじめ十分に研究しておくことが必要である。法律については、そもそも適用されるべき法律とその条項を誤ってはならない。次いで、当該適用条項の解釈において、文理、規定振り、周辺の関連規定との関係、趣旨の順に検討を進める。また、判例の使い方にも留意し、事例判例にあっては、当該紛争と判例の事例とをつぶさに比較検討しなければならない。ソフトローについても、探索して積極的に使いこなす必要がある。ソフトローあるいはその裏付け事実が間接事実として使用される。

(3) 専門的知見の獲得—意見書と専門委員—

専門的知見がどのような場合に、どのような事柄に対して必要であるか

を、早くから、見極める必要がある。その場合においても、専門的知見の獲得の手段として、専門意見書または鑑定書の作成のほか、鑑定人または専門委員の選定にゆだねることが考えられる。事件によっては、専門家の囲い込みがあることにも留意し、当然にコストも考慮しなければならない。

　専門家の意見を求めるためには、何よりも当該分野において専門的知見を有する者として評価されている人物を選ばなければならない。そのためには、あらかじめ候補者の論文等をよく検討した上、事前に面接をして知見を把握し、自陣の主張を裏付けるのに有益といえるかどうかを確認しておくことが必要である。そして、意見書の作成を依頼する場合には、前提事実と質問事項を明示するように心掛けるべきである。

3　証拠対策

⑴　文書の管理

　文書については、必要に応じて文書管理規程を作成し、普段から、文書の性質、作成目的、作成者、作成日時などに着目して、保存期間を定めるなどして管理しておくことが望まれる。例えば、契約書をとって見ても、いずれの段階で、どのような目的で作成されたものか、基本事項を定めるものか、あらゆる事項を網羅するものかどうかなどを検討して管理しておくべきである。また、内部通達などについても、発出の時期や目的を明示して分類しておくことが求められる。実際の裁判で、会社側から証拠として提出された内部通達に対して、相手側からそれより前に作成されたもので異なる趣旨のものがあるとして、先発通達を反証に使われることがあるからである。

　稟議書や取締役会議事録の作成についても、訴訟を想定して、普段から目配りが必要である。例えば、稟議書について、捺印が形式的にされているために責任部署や決裁権限が曖昧であることがうかがえる場合や欄外に軽い気持ちで付記された事項をもって争点とされることがあり得るので、

管理にあたって厳しく見直す心構えが求められる。また、取締役会議事録については、できる限り忠実に再現記録することが望ましい。この場合に、発言の趣旨に誤解を招く余地が発見された場合には、思い切って訂正措置を講じておくことも普段から検討しておくべきである。将来の訴訟を意識するあまり、極めて必要最小限の形式の記載だけにとどまるものが見られるが、これではかえって証拠価値を減じ、あるいは反証を許すことになりかねないので注意を要する。

(2) 証拠の収集の準備

証拠の収集は、争点となり得る事項や分野に従い、書証、人証、鑑定について、その存在と内容を検討することから始まる。この場合に、部署や時間をまたがって、範囲を広げて対応しておくことが必要である。書証についていえば、当該担当部署以外の部署に証拠が隠れていることがあり、または当該時期と異なる時期に作成された文書によって反証を許すこともあるから、広く分野や時期を超えて探索しておくべきである。特に社内で交わされるメールについては、臨場性があることから証拠価値も高いので、当該事件のメールにとどまらず、広く時期を捉えて、かつ、部署と当該事項を超えて、調査しておくことが肝要である。相手方からの文書提出命令の申立てによって、思わぬメールなどの文書が現出することがあり、相手方に決定打を許すことになりかねないからである。

証人については、相手方との囲い込みの競争でもあるので、あらかじめ必要性を吟味して、早期に接触を図り、協力を仰いでおくべきである。もっとも敵性証人ともなり得る者に対しては、手の内をさらけ出すことのないように慎重に接触を試みなければならない。証人として申出を予定する場合には、もちろん事前のテストを怠らないことが求められる。専門訴訟では、前記のとおり、専門家にあらかじめ意見を聞き、場合によっては私的鑑定書の作成を依頼しておく。特に、専門分野が狭く知見が限られている場合には、学識経験者の囲い込みが激しくなるので、できる限り早期に交渉して好印象を与えるべきである。

証拠制限契約を活用することも一法である。特定の事実を争わない契

約、証拠方法に制限を加える契約、証明責任の分配を変更する契約などについて、事項に応じて検討するに値する。違法収集証拠についても配意しておかなければならない。かつては自由心証主義の中で判断されていたが、裁判例では、信義則に照らして証拠能力を否定するものもある。手続の正当性の確保の要請から今後もこの傾向は強まるであろう。そのために証拠の獲得にあたっては、適正な手続を踏むことが必要であり、特に証言を得る場合には、目的を明示し、記録することの許諾を得るなどし、その過程を明らかにしておくなどの配慮が必要となる。

(3) 証拠の収集の対策

証拠の収集にあたっては、法律の用意するツールを最大限活用すべきである。訴え提起前には、弁護士会照会、当事者照会　訴え提起前の証拠収集処分、訴えの提起後には、文書提出命令、文書送付嘱託、調査嘱託などを検討する。この場合に、証拠の申出にあたっては、裁判所が関連性と必要性にこだわることをよく認識して、その検討を怠ってはならない。

証拠の収集においても、相手方の立場に立って、方策を見直すことが必要である。方策の選択によっては、かえって相手方に別の強力な証拠収集を促すことになりかねないからである。何よりも証拠を失うことがあってはならない。自陣営内の証拠については当然であるが、相手陣営内にあり得る証拠についても、その確保に努めるべきであり、そのために証拠保全の措置などが検討されなければならない。

4　レピュテーション対策

現在の情報化社会では、レピュテーション対策の意味は極めて大きい。既に紛争解決措置の選択の段階でレピュテーション対策は始まっているといえる。

レピュテーション対策としては、ステークホルダーの存在、事案の性質をよく考えて秘匿性と公開性の程度を比べて、対応策を選択する必要がある。原則的には、ステークホルダーに向けて積極的に情報提供することが

結果的に奏功するといえよう。訴訟外説明は、必要に応じ丁寧に実施することが求められる。ホームページに記載するだけで良しとせず、積極的に記者会見などの対話的措置を講じることも検討すべきである。この場合においては、あらかじめ想定問答を用意しておくべきである。会見の場の想定外の質問に対しては、場合によっては理由を示した上で応答を控えて後日にゆだねることがあってよい。無理にした回答がレピュテーションを毀損することがあるのみならず、後の裁判で証拠として使われることもあり得る。もっとも、マスコミ発表などが法廷戦略に使われることもあるが、好ましくはない。裁判所からも良い印象を持たれまい。

　一方、発信の受動対策にも注意を要する。訴訟に対するネガティブな捉え方は、一般的にいえば、前記のとおり、薄くなってきたとはいえ、相手方の情報操作などによっては、その負の影響を避けられないこともあり得る。したがって、その対策にあたっても、相手方の立場に立って、取られ得る措置を広く検討して、それに応じた対応策を検討しておく必要がある。SNSや録音装置などの発達に伴い、訴訟進行状態や法廷のやりとりさえ、同時発信されることも覚悟しておかなければならない。このような情報発信に右往左往する必要はないが、着目しておいて、必要に応じて訂正の要求等の行動を起こすべきである。この場合に、裁判所を通じて適正な処理を求めることがあってもよい。法廷侮辱に当たる場合もあるからである。

第5 裁判の後始末

　裁判が終わった場合に、その後始末をしなければならない。後始末は、裁判が有利不利にかかわらず、する必要がある。第1にすべき作業は、当該裁判の内容について徹底的に分析することである。この場合において、主文のみならず、理由にも着目するべきである。有利不利を問わず、理由中に思いがけない判断が示されていることがあるからである。不利に終わった場合は、上訴等の法的措置の検討は言うまでもなく、確定後も裁判の余波を予測するとともに、それに応じて必要な救済策を講じなければならない。有利に終わった場合でも、当該紛争によって新たな火種を生じ得ることも、あるいは関連の紛争を発生させることもあり、さらには理由中の判断に不利な事項が記載されていることもあり得るので、それに応じた対応を講じておくべきである。また、有利不利を問わず、相手方からの言いがかり等が続く場合もあり、レピュテーションリスク対策を含め、事後の取るべき措置を検討しておく必要がある。いずれの場合にも、負の影響を最小限にとどめなければならない。

　外部に対しては、何よりも説明責任を果たすことが肝要である。ホームページに結果を掲載すれば足りるとせず、場合によっては、裁判の経緯や対応の手法を示し、さらには、必要に応じ、経営トップが裁判の経緯を踏まえて記者会見などの場を利用して直接に語りかけることも検討すべきである。

　内部においても、すべきことは多くある。当該紛争の発生の原因や過程について誤解を解く必要がある場合もあるほか、たとえ当該部署に限定された紛争であっても、その真因が企業の風土に関わる事象であることもあり得るので、従業員の志気を和らげ、あるいは鼓舞することも考えなければならない。何よりも、転んでもただでは起きないの精神で、紛争を糧に

しなければならない。同種紛争を回避するためにも、当該紛争を教材として、紛争予防と事後措置のあり方を学ぶことが求められる。

司法的企業運営
—最近の会社判例から—

2020年7月15日　第1刷発行

著　者　門　口　正　人
発行者　加　藤　一　浩
印刷所　株式会社日本制作センター

〒160-8520　東京都新宿区南元町19
発　行　所　一般社団法人 金融財政事情研究会
企画・制作・販売　株式会社きんざい
編 集 部　TEL 03（3355）1721　FAX 03（3355）3763
販売受付　TEL 03（3358）2891　FAX 03（3358）0037
URL https://www.kinzai.jp/

ISBN978-4-322-13554-1